DISCIPULADO, EL PROCESO DE LA IGLESIA

Daniel Casanova

WESTBOW·
PRESS
A DIVISION OF THOMAS NELSON
& ZONDERVAN

Indice

Reconocimientos

Expreso mi gratitud y reconocimiento, ante todo a Dios por haberme llamado a ser su hijo a través de la fe en Cristo Jesús. Gracias a la Iglesia Bautista Oasis de Amor, que por más de Veinte años ha soportado el rigor de mis desaciertos y de mis triunfos. Como pueden imaginar, un libro como este no se puede escribir en un día; ningún proceso se puede lograr de repente. Hemos recorrido un camino largo, que gracias al amor de Dios y su misericordia, se han puesto en práctica los principios que van a encontrar en este libro.

Mi deseo que usted encuentre en este libro la motivación necesaria para llegar a ser un verdadero discípulo de Cristo. Siempre recordando, que no somos todos iguales y cada uno va a desarrollar las estrategias más adecuadas. Lo más importante es aprender y seguir los principios aquí presentados.

Gracias a todos los que hicieron posible que este libro pudiera salir a la luz. Gracias a mi gran amigo Luis Bernal Lumpuy y a mi hermano en Cristo Víctor Oro; amigos que con tanto amor y desinterés económico revisaron, y editaron el manuscrito.

Le resumo los dos pensamientos más importante del libro:

1. *Si queremos hacer discípulos, tenemos que serlo primero.*
2. *El discipulado es el proceso natural de una vida sometida a Cristo Jesús*

Introducción

Dios desea que la iglesia haga discípulos.

«Por tanto, id, y haced discípulos a todas las naciones, bautizándolos en el nombre del Padre, y del Hijo, y del Espíritu Santo; enseñándoles que guarden todas las cosas que os he mandado; y he aquí yo estoy con vosotros todos los días, hasta el fin del mundo. Amén.» (Mateo 28:19,20).

No es fácil cumplir con el mandato de Jesús de «id y haced discípulos a todas las naciones». No es fácil, no tanto por la oposición del infierno mismo, sino por el comportamiento de algunos cristianos. La información sobre el tema de hacer discípulo no es escasa, pero sí inadecuada.

Antes de entrar en el tema, hagamos las siguientes preguntas:

¿Qué es un discípulo?

¿Cómo se hace un discípulo?

¿Cómo se evalúa a la persona para ver si es o no un discípulo?

¿Cómo se organiza la iglesia para hacer discípulos?

¿Por qué las iglesias cristianas están llenas de congregados pero con muy pocos discípulos?

Tener la respuesta apropiada a las preguntas anteriores no garantiza que se vaya a lograr el resultado final, pero sí se comienza a caminar en la dirección correcta.

Todo lo que la iglesia hace debe apuntar hacia la dirección de que cada persona llegue a reflejar a Cristo en su vida.

El cristiano trata de agradar a Dios colaborando con Él en el cambio de una vida humana. En una fábrica o en un comercio el objetivo es educar al cliente o satisfacer al cliente; rara vez es cambiarlo, transformarlo. Pero la iglesia busca la transformación de las personas. Eso exige un enfoque muy diferente al de cualquier empresa en la tierra. Aunque busca el cambio de pacientes enfermos a pacientes sanos, la iglesia es más que un hospital. Aunque busca educar a sus estudiantes, es más que una escuela; y aunque adiestra a sus soldados para la guerra espiritual, es más que un ejército. En pocas palabras, la iglesia trata de hacer una diferencia en la forma en que el creyente vive al cambiar sus valores con los valores de Dios. Es por eso que, la meta de la iglesia es más que entretener, educar, sanar y adiestrar a sus miembros y congregados.

El resultado final

En la elaboración de un producto hay dos elementos a considerar:

Primero, la calidad y el costo de la materia prima.

Segundo, el proceso. Hay procesos necesarios para la transformación de esa materia prima en el producto deseado, lo que llamamos *el resultado final.*

Por lo tanto, el producto final es el resultado de la aplicación de una serie de procesos en las materias primas.

Por ejemplo, en un restaurante el resultado final no es los alimentos cocinados; es el disfrute de cada huésped de la buena comida y la buena atención del mesero. La materia prima (los vegetales, las proteínas, etc.) los postres, la destreza del cocinero son quizá los elementos más importantes a tener en cuenta para el éxito de un restaurante. Sin embargo, a la larga, lo que va a determinar que un cliente vuelva a dicho restaurante es la experiencia total: la calidad de la comida, la atención recibida y el ambiente. El resultado final de un restaurante es los clientes satisfechos.

No se puede medir la eficiencia de un restaurante por la cantidad de comida elaborada, o por el ruido en la cocina o por la calidad de los platos donde se sirve la comida, sino por la cantidad de clientes satisfechos y los platos servidos.

Muchas veces medimos la eficiencia de la iglesia por la cantidad de actividades, la calidad de los programas, la belleza de sus instalaciones, el tamaño de su presupuesto o la elocuencia de su pastor. Todos esos factores juntos son importantes. Pero nada de eso es el resultado final.

La eficiencia de la iglesia debe estar en su capacidad de «lograr con la materia prima» el resultado final.

La fábrica de zapatos.

Por ejemplo, en una empresa para fabricar zapatos hay que considerar, entre otras cosas, lo siguiente:

- Definir qué clase de zapatos se quiere fabricar.
- Formar la línea de producción de acuerdo con el zapato que se desea fabricar.
- Adiestrar a cada persona en la posición indicada a su experiencia, personalidad, educación y pasión.
- Evaluar de vez en cuando si «el resultado final» se parece al producto deseado. Esto es el control de calidad
- Hay que hacer cambios necesarios si no se está logrando la clase de zapatos que se desea.
- Todo comerciante exitoso tiene que entender necesariamente su producto, cómo es que se hace o se logra, y a quién se le va a vender el producto. Todos esos detalles se toman en cuenta en el mundo de los negocios para lograr *el resultado final*.

¿Por qué la iglesia tiene tanto problema en conocer su mercado, en lograr distribuir su producto, y aún más difícil en «lograr su resultado final»?

Hoy más que nunca el gran desafío de la iglesia es prepararse en lo espiritual y en lo organizativo de tal forma, que pueda influir en la vida de sus miembros; no solo en educar, entretener, satisfacer, sino en transformar primero su forma de pensar, y luego su forma de actuar.

La iglesia tiene que cumplir la Gran Comisión de forma eficiente. Con frecuencia nos preocupamos mucho por hacer las cosas correctas, pero descuidamos la eficiencia. Aunque haya métodos más apropiados, se siguen haciendo las cosas por tradición o costumbre; mostramos un miedo desmedido al cambio; y se trata de justificar ese miedo con la idea de que hay que ser fieles a las creencias y doctrinas.

La idea central en una disposición para el cambio, sería que el mensaje es eterno, los métodos son pasajeros.

¿Cómo cambiar los métodos sin cambiar el mensaje?

Ahí está la clave: cambiar los métodos sin cambiar el mensaje de salvación en Jesucristo.

Hay una gran diferencia entre eficacia y eficiencia. ¿Cuáles son las cosas correctas que como iglesia debemos hacer? Trate de responder a las preguntas:

a) ¿Estamos cumpliendo con la Gran Comisión?

b) ¿Estamos formando discípulos o simplemente miembros?

c) ¿Estamos reproduciendo el liderazgo de la iglesia?

d) ¿Están nuestros programas y actividades alineados con nuestra Misión y Visión?

La eficiencia tiene que ver con aprovechar los recursos al máximo, que no haya desperdicio, que se aproveche el tiempo y la energía de los obreros y líderes de la iglesia. Es decir, que sin afectar la calidad del producto, se obtenga un alto rendimiento.

La eficacia tiene que ver con «*el cómo*». ¿Cómo vamos a hacer las cosas correctas de la forma correcta?

¡Cuántas veces, como iglesia se toma la actitud de que solamente la manera en que hacemos las cosas es la correcta y la que Dios aprueba! Sin embargo, y para nuestra sorpresa, hay muchas formas de cumplir con la Gran Comisión. La eficiencia debe responder a las siguientes preguntas:

a) ¿Cómo podemos hacer mejor las cosas, y con el menor esfuerzo posible?

b) ¿Cómo podemos lograr un mayor rendimiento con nuestros recursos?

c) ¿Cómo podemos canalizar nuestros esfuerzos de forma constructiva?

Podemos ser los trabajadores más honrados, más esforzados y hasta los más sacrificados; eso no nos garantiza que hacemos las cosas con eficiencia. Por ejemplo, podemos tratar de clavar un clavo con una piedra en lugar de un martillo. Podemos sudar trabajando, pero eso no indica que lleguemos a algún lugar.

Vivimos en momentos de la iglesia en que, constantemente tenemos que revisar los métodos sin cambiar el mensaje.

Eficacia: ¿Qué vamos a hacer?

Eficiencia: ¿Cómo lo vamos a hacer?

GRANDES OBSTÁCULOS DE LA IGLESIA

Jesús nos mandó a ir y a hacer discípulos. Sin embargo, la iglesia moderna se encuentra con grandes obstáculos cuando quiere enfocarse en obtener su *resultado final*. Es algo que para algunas iglesias representa un gran desafío y para otras una tarea casi imposible.

El discipulado es algo muy personal

El primer obstáculo que nos encontramos es, que nadie puede obligar a nadie a ser un discípulo.

Cada persona tiene voluntad propia, y cada persona tiene libertad para elegir si quiere ser un discípulo o no. No puede violentarse la voluntad de la persona inconversa. El cristiano solo puede ser un instrumento, un canal de bendición para otros.

La iglesia solo puede crear las condiciones necesarias para que la persona llegue a ser un «seguidor comprometido de Cristo».

Entonces, ¿Qué quiso decir Jesús cuando dijo «*Id y haced discípulos*» (Mateo 28)?

Jesús quiso decir, que el cristiano debe poner todo su empeño en hacer discípulos, aunque se encuentre con la limitante de que nadie puede hacer que una persona sea un discípulo a la fuerza.

Jesús mismo dijo en Apocalipsis 3:20: «*Yo estoy a la puerta y llamo. Si alguno oye mi voz y abre la puerta, entraré y cenaré.*»

Jesús toca a la puerta, pero es decisión humana el abrirla. Nadie puede obligar a nadie a ser un discípulo. Cuando se entiende esta verdad el énfasis cambia del *hacer* al *ser*. Debemos ser un instrumento, un canal, una influencia positiva para que la persona no encuentre ninguna piedra de tropiezo en su camino para conocer a Jesucristo.

Muy pocos discípulos en la calle

El segundo obstáculo que encuentra la iglesia para poder cumplir con la Gran Comisión es los pocos modelos que hay. Pocos hemos visto un discípulo en acción. Hay muchos cristianos fieles, consagrados, entregados, pero, ¿realmente discípulos?, hay pocos. ¿Cómo se puede saber esto?, pues simplemente, si hubiéramos más discípulos en nuestras iglesias se formaran más discípulos, se bautizaran más, y el nivel de conversión fuera mayor.

Por lo general, la iglesia falla en crear un «sistema», un proceso en que la persona sufre una transformación que empieza por la mente, y afecta la voluntad. Tenemos poca referencia visible y palpable de cómo es un discípulo, y lo vemos como algo imposible de lograr.

Lo importante es convencer a las personas de que se rindan a Cristo y que se integren a un proceso que dura toda la vida.

¿Cómo le hacemos ver al cristiano que, llegar a *ser como Cristo*, además de posible, es un imperativo? ¿Cómo ayudamos a una persona a que comience y permanezca caminando día a día con Cristo?

Hablamos de Cristo, de llegar a ser como Él; pero hay muy pocos «cristos» cerca de nosotros; «cristos» modernos de carne y hueso, que nos sirvan de modelos. Hay muy pocos que puedan decir, sin muestra de soberbia ni jactancia, así como dijo el apóstol Pablo en 1 Corintios 11:1 «*Sed imitadores de mí, así como yo de Cristo*.»

Por lo general decimos: «No me sigan a mí; sigan a Cristo». A veces es un gesto de humildad; pero la mayoría de las veces es porque sabemos, que no estamos reflejando a Cristo en nuestra vida.

¿Cómo convencemos a las personas de que entren en un proceso que parece casi imposible de realizar?. ¿Cómo convencemos a las personas que llegar a ser como Cristo debe ser nuestra meta?

No podemos medir el crecimiento de la iglesia por miembros, programas o edificios.

El crecimiento de la iglesia debe medirse por vidas transformadas y «por el número de discípulos que están en formación».

Al dueño de la fábrica de zapatos se le ocurriría medir la eficacia y eficiencia de su fábrica por el número de suelas de zapatos o por la cantidad de pieles que corta. El resultado final, los zapatos terminados puestos en los pies de las personas que caminan por las calles, es lo que hace a la fábrica eficiente.

Recuerde que no se puede medir la eficiencia de un restaurante por la cantidad de comida elaborada, o por el ruido en la cocina, o la calidad de los platos donde se sirve la comida, sino por la cantidad de clientes satisfechos.

De la misma forma no se puede medir la eficiencia de la iglesia por los programas, o las instalaciones, o el presupuesto, o la fama del pastor. Todo eso, aunque importante, no constituye el resultado final. La eficiencia de la iglesia debe estar en su capacidad de formar discípulos.

La iglesia de Cristo tiene que evaluar sus programas, actividades y ministerios constantemente para saber si está siendo eficiente en «la formación y desarrollo» de seguidores comprometidos de Cristo. Es una pérdida de recursos valiosos seguir «fabricando» sin hacer la pregunta clave: ¿Estamos como iglesia logrando el resultado final o simplemente hay mucho activismo sin transformar a nadie?

La iglesia es el grupo de personas salvas por la sangre de Cristo. Todo lo que se hace en la iglesia debe apuntar a la formación de seguidores comprometidos de Cristo. Todo lo que se hace en la iglesia, lo que se compra, lo que se planea, o lo que se realiza debe apuntar hacia la misma dirección: *la formación de discípulos.*

Recuerde, que el término «cristiano» significa discípulo, seguidor, imitador de Cristo. ¿Y cómo era Cristo? ¿Cómo puedo describir a la persona de Cristo, y de esa forma poder imitarlo?

1 Pedro 2:21 dice que Cristo nos ha dejado un ejemplo para que sigamos en sus pisadas.

Romanos 8:29 y 2 Corintios 3:18 enseñan que debemos ser transformados a la imagen de Cristo.

2 Pedro 3:18; «*Creced en la gracia y en el conocimiento de nuestro Señor y Salvador Jesucristo*».

Filipenses 2: «*Haya en vosotros esta manera de pensar que hubo también en Cristo Jesús*».

Si pensamos como Jesús, comenzamos a actuar como Jesús.

Mateo 20:28: «*El Hijo del Hombre no vino para ser servido, sino para servir*».

Hechos 10:38: «*Él anduvo haciendo el bien*».

¡Qué buen epitafio para uno! Que bellas palabras para poner en nuestra tumba: «Anduvo haciendo el bien».

Lucas 19:10: «*El Hijo del Hombre ha venido a buscar y a salvar lo que se había perdido*».

Ese fue el propósito principal de su vida. '*Buscar y salvar*' a los hombres perdidos.

¿Cuál es el propósito principal de mi vida y de la suya?

Filipenses 1:21: «*Para mí el vivir es Cristo, y el morir es ganancia*».

¿Podemos decir, como Pablo, «*para mí el vivir es Cristo*»?

Hay que cambiar la forma de pensar

El otro obstáculo que encuentra la iglesia para poder cumplir la Gran Comisión, es la forma de pensar de los mismos cristianos mal instruidos. Por lo tanto hay que tratar de cambiar la forma de pensar de los cristianos. Y aunque sea muy difícil, vuelvo a mencionar, se tiene que tratar de cambiar la mente de los miembros de la iglesia para que vean al discipulado como un proceso que dura toda la vida.

El discipulado no es un suceso, sino un proceso. La vida cristiana carece de formación espiritual cuando se alimenta solo de eventos espirituales. El domingo en la iglesia, es un evento; así como programas especiales, estudios bíblicos semanales, campañas evangelísticas; o retiros espirituales. Estamos hambrientos por eventos. Llenamos el calendario de la iglesia con eventos, saltamos de un evento en otro esperando el cambio en las personas.

Durante muchos años hemos hablado del discipulado como cursos y programas; pero el discipulado es un estilo de vida que comienza mucho antes del momento de conversión y que nunca termina.

Si se espera que la persona se convierta para después discipularla, será tarde para comenzar el proceso. El proceso tiene que comenzar desde que la persona es inconversa.

Desde que un cristiano tiene contacto con un inconverso comienza la transferencia de vida a través de la relación de amistad. La amistad es el puente que Dios usa para pasar desde el corazón de un cristiano al corazón de un inconverso. Recuerde que no es un concepto, una creencia, o una religión de la que trata el cristianismo. Se trata de exponer una persona, Jesucristo al inconverso.

Es un error referirse al discipulado como el estudio bíblico de entre semana, o un curso de formación espiritual. Eso no es discipulado. Eso son métodos; el discipulado es el proceso donde se transfiere la vida de Cristo en el cristiano a otra persona.

El miembro de la iglesia que no puede comprometerse a un curso de trece semanas no tiene formación de discípulo, no entiende lo que es discipulado.

El discipulado es una carrera que comenzó mucho antes del nuevo nacimiento y terminará con la muerte o con la segunda venida de Cristo.

Cristianos estériles

El cuarto obstáculo que nos encontramos para realizar la Gran Comisión es: Vidas estériles incapaces de reproducirse.

Vuelvo a mencionarlo, el cuarto obstáculo que la iglesia encuentra es la incapacidad espiritual del cristiano al reproducirse.

La gran verdad, y muy triste a la vez, es que la mayoría de nuestra gente está estéril espiritualmente.

Si no somos discípulos no podemos reproducir discípulos. Solo los discípulos pueden producir discípulos.

Es imposible reproducirse en algo que no *se es*. No podemos hacer discípulos sin antes ser discípulos.

Es antinatural esperar que un manzano produzca mangos en lugar de manzanas. El cristiano, por muy sincero que quiera ser en querer cumplir con la Gran Comisión, nunca podrá hacer discípulos sin antes ser un discípulo. La Gran Comisión no es una actividad evangelística, no es una campaña de tres días, no es la visitación semanal a casa de los inconversos. La Gran Comisión es la comisión del diario vivir. El testimonio del estilo de vida dice quién realmente la persona es. Es básico el concepto, no se puede hacer algo que no se es; así como que no se puede dar algo que no se tiene. Esa es la razón número uno por la cual los cristianos no evangelizan. Nuestros mensajes nunca harán a los cristianos evangelizadores. Seríamos más eficientes desde el púlpito si llevamos a los oyentes a ser como Cristo; a convertirse en cristianos genuinos. Son esfuerzos gastados convencer a «cristianos», que no son discípulos en que reproduzcan o hagan discípulos.

Cuando el cristiano es un verdadero discípulo de Cristo, el proceso de formación y producción de discípulo sale de forma natural. Pero si hay cristianos o iglesias en general que quieren cumplir la Gran Comisión pero carecen del *Ser*, entonces se tiene que apelar a «inventos» humanos, a 'clonar' programas y a formar un proceso, que a la larga sirve para entretener, derrochar recursos y mantener a las personas muy ocupadas, y la Gran Comisión se convierte en la gran pesadilla, y termina siendo la Gran Frustración de todos los días.

La Gran Comisión no es para la iglesia, es para el cristiano.

El quinto obstáculo para cumplir la Gran Comisión es: Como cambiar el enfoque de la Gran Comisión de «algo general» a «algo personal».

Puesto de otra manera, el quinto obstáculo que encuentra la iglesia es, que muchos cristianos ven la Gran Comisión como un mandato para la iglesia, no para el cristiano individualmente. Todo cristiano tiene la gran responsabilidad de ser un discípulo para reproducirse en otro discípulo. La Gran Comisión no es un mandato general, es un mandato individual. No es solo para un grupo selecto de líderes o de cristianos con el don de evangelismo.

El libro trata un modelo en el proceso de la formación de discípulos; un modelo que contempla el aspecto personal, y el aspecto eclesiástico de la Gran Comisión. No podemos pretender que la iglesia colectivamente cumpla con la Gran Comisión, si los cristianos individualmente no son discípulos.

Comienza por el CRISTIANO. Un cristiano es una persona que ha nacido de nuevo, ha recibido la vida espiritual, ha recibido luz y sabiduría divina, un cristiano es llamado hijo de Dios; creado para toda buena obra.

¿Cuál es la meta de Dios para el cristiano?

Recuerde que, cuando era niño, uno de los juegos en que participaba era preguntar: ¿Qué quieres ser cuando seas grande? Así que usted, que es cristiano pregúntese qué quiere ser cuando sea grande.

El cristiano sabe que quiere ser como Cristo, que precisamente por eso se llama cristiano.

Porque es un seguidor de Cristo quiere obedecerle.

Dios quiere que el cristiano SEA un discípulo primero; y para después HACER discípulos.

Una vez que ya se sabe a dónde se quiere ir, un sincero examen lleva al cristiano a determinar dónde está en el presente. La distancia entre dónde usted está y a dónde quiere estar en su crecimiento determina su estado de necesidad.

LAS NECESIDADES espirituales del hombre básicamente son dos: (1) El nuevo nacimiento, y (2) el rendirse en obediencia al control del Espíritu Santo. Todas las demás necesidades son secundarias y se derivan de estas dos. De igual forma, la iglesia una vez que sabe el resultado final que desea ALCANZAR, comienza el Plan estratégico para hacer discípulos.

El plan estratégico de la iglesia es la vida de la iglesia donde se le deja saber a cada miembro lo que se pretende conseguir como iglesia y cómo se propone conseguirlo.

Un plan estratégico ayuda a que todos, líderes, obreros y miembros, sepan con exactitud el criterio fundamental de lo que es un verdadero discípulo de Cristo, y ayuda a poner en práctica un método sencillo, pero eficaz, para evaluar si realmente se está formando discípulos o no.

Plan estratégico

Los pasos para hacer un plan estratégico que forme discípulos son:

- Primer paso: Definición de lo que Dios quiere para el cristiano individualmente y para la iglesia colectivamente
- Segundo paso: Análisis de las necesidades espirituales del individuo y necesidades de la iglesia y la comunidad.
- Tercer paso: Hacer las estrategias y el plan de acción.
- Cuarto paso: Evaluar el progreso hacia las dos grandes metas: SER Y HACER discípulos.
- Quinto paso: Celebrar los resultados, el crecimiento y el cumplimiento de las metas.

Los recursos

El cristiano no llegará a ser un discípulo por sus propias fuerzas. Tiene dos recursos a su disposición: Dios y la Iglesia. Los verdaderos cristianos constan del recurso divino en la presencia, las promesas y el poder del Espíritu Santo. Y por el otro lado está el recurso humano. Dios ofrece a sus hijos un lugar para adorar, servir, capacitarse y formarse espiritualmente a través de la iglesia. Sin la iglesia, el cristiano nunca llegaría a ser un verdadero discípulo. Y la iglesia sin los cristianos comprometidos no podría llegar muy lejos.

Para poder llegar a un lugar hay que salir con un destino en mente. Si no se sabe adónde se va, se llega a cualquier lugar. Alguien escribió en una ocasión: «Si no sabemos a dónde vamos, es probable que no lleguemos a ninguna parte.»

Una vez que el cristiano sabe que su meta final es llegar a ser como Cristo, debe tener un plan estratégico para llegar. Las estrategias del cristiano tienen que estar alineadas con su misión y sus valores personales.

Evaluación

Durante un viaje, hay que tener puntos de evaluación o chequeos para saber si se va en la dirección correcta. De la misma manera, el cristiano tiene que evaluarse periódicamente para saber si cada día se asemeja más a Cristo o no.

La evaluación personal, tiene tres grandes objetivos. El primer objetivo es ver si el resultado deseado para la vida es igual al resultado real. El segundo objetivo es buscar la excelencia. El enemigo de la excelencia es lo bueno. El tercer objetivo es hacer ajustes antes de seguir malgastando recursos valiosos. Si al pasar los días, la gente no ve a Cristo en el diario vivir del cristiano, hay que hacer cambios rápidamente.

Celebración

Cada etapa de la vida del cristiano es una etapa para celebrar la fidelidad de Dios y reconocer el esfuerzo personal al imitar a Cristo en pensamiento y acción.

La iglesia debe ser un lugar de celebración continua; es el único ejército que sabe cómo concluye la historia del hombre en la tierra. El final es prometedor. Así que cualquier batalla en la tierra es la oportunidad de Dios para dar la victoria. Cada prueba es para fortalecer la fe; cada ataque de Satanás es una bendición de Dios en camino. Cada problema es la semilla de donde germinará un milagro. Cristo está vivo, ha resucitado; el infierno no puede prevalecer. Sabemos cómo termina "la historia" con Cristo, que vuelve por su iglesia. Hay suficientes motivos para celebrar.

Los grandes logros son pequeños logros puestos juntos. Hay que celebrar cada etapa que se supera; cada logro por muy pequeño e insignificante que parezca. Cada persona que acepta a Cristo como salvador personal, es un motivo para hacer una fiesta cada domingo en nuestras iglesias.

La celebración produce gozo contagioso, que a su vez va a producir entusiasmo. Y el entusiasmo es el aceite del motor de la iglesia. Cuando los miembros de la iglesia tienen entusiasmo resisten mas las presiones y retos del servicio en los ministerios.

«Os digo que así habrá más gozo en el cielo por un pecador que se arrepiente, que por noventa y nueve justos que no necesitan de arrepentimiento». Lucas 15:7

El plan estratégico para el cristiano

CRISTIANO

↓

NECESIDADES

↓

ESTRATEGIAS

↓

RECURSO DIVINO
Dios

Persona de Dios
Soberanía de Dios
Poder de Dios
Llenura del Espíritu

RECURSO HUMANO
La Iglesia

Un lugar para:
+ Adorar
+ Servir
+ Estudiar la Palabra
+ Compartir
+ Capacitarse
+ Formarse Espiritual

↓

EVALUACION

↓

CELEBRACION

↓

RESULTADO FINAL
"Ser un Discípulo de Cristo"

Primera Parte

El llamado de Dios
para el cristiano

Capítulo 1

El cristiano: *El ser*

Hay un maravilloso cambio espiritual en la vida cuando se recibe la salvación en Cristo. Cuando recibe la salvación, usted se convierte en un hijo de Dios. Recibe el Espíritu Santo, el regalo de la naturaleza divina de Dios en su interior. Es justo ante los ojos de Dios. Es justificado ante Dios. Es santificado (es decir «hecho santo») a los ojos de Dios (1 Corintios 1:2). Es redimido del poder del pecado y de la muerte. Pasa de estar muerto en pecado a tener vida eterna.

Esos cambios son muy reales y deben influir en la forma de pensar y de actuar del cristiano. Aunque hay cambios que se realizan de forma instantánea, hay otros cambios que van a realizarse con el tiempo.

¿Qué NO es *ser* cristiano?

Antes de definir lo que es un cristiano veamos aquellas cosas que no hacen a una persona cristiana.

1. Una persona no es cristiana simplemente por haber nacido en un país «nominalmente cristiano».
2. Una persona no es cristiana por haber nacido en una familia cristiana.

3

Nadie nació ni puede nacer físicamente como cristiano. Tener padres cristianos o nacer en un hogar cristiano sirve para tener buenos principios morales, pero no para alcanzar automáticamente el nombre de cristiano.

3. El bautismo no hace a una persona cristiana. Un cristiano no es una persona que se bautizó en su niñez. El llegar a ser cristiano es una decisión personal.

4. Una persona no llega a ser cristiana por ir a la iglesia, o por cumplir con algunos ritos religiosos. Vivir una vida piadosa, o moralmente buena, no es sinónimo de cristianismo. Vidas buenas y elevadas normas de conducta por sí solas no nos convierten en hijos de Dios.

5. Un cristiano no es una persona que simplemente sabe acerca de Jesús o cree intelectualmente que Dios y Jesucristo existen. Jesús dijo: «*¿Por qué me llamáis Señor, Señor, y no hacéis lo que yo digo?*» (Lucas 6:46). Podemos conocer mucho acerca de Jesús, y no conocer personalmente a Jesús.

¿Qué es un cristiano?

Cristiano significa ser seguidor de Cristo.

Ese nombre da honor a Dios, porque nos identificamos con Jesucristo. Es decir, la persona quiere ser «como Cristo». Cristo es el modelo de su vida.

En otro concepto, un cristiano es alguien que es «salvo».

¿Qué significa ser salvo? ¿Qué es salvación?

La Biblia emplea la palabra «salvo» para referirse a personas que han sido "rescatadas" de la muerte eterna porque recibieron el regalo de la vida eterna.

Por ejemplo, cuando una persona que no sabe nadar cae al agua, grita pidiendo auxilio para que la rescaten. Reconoce que se está ahogando y necesita alguien que la salve. Eso es lo que significa ser salvo en el concepto espiritual. Significa ser «rescatado» de la muerte eterna.

Todo ser humano nace en pecado y muerte, y por lo tanto sigue pecando contra Dios porque no cumple sus leyes espirituales. Por lo tanto, toda persona necesita ser rescatada (ser salva) de la penalidad de ese pecado. Romanos 6:23 dice: «*Porque la paga del pecado es muerte, mas la dádiva de Dios es vida eterna*». Por sus pecados usted se ganó la muerte. Pero Cristo le ofrece la vida.

Beneficios de ser cristiano

El cristiano tiene grandes beneficios para la vida eterna y para la vida presente.

Cristo ofrece promesas muy específicas acerca de la vida futura: maravillosa vida eterna. Pero también ofrece calidad de vida para la vida presente.

El cristianismo asevera que el gozo, la paz y el amor pueden ser una realidad para quienes aprenden a cultivar una relación con Dios por medio de Jesucristo.

SUCEDEN COSAS MARAVILLOSAS

Veamos las cosas que suceden en el momento en que se recibe a Cristo como Señor y Salvador personal.

• Hay una Transformación espiritual
Se define la metamorfosis espiritual, como la transformación profunda de una persona. En zoología se emplea el término *metamorfosis* para referirse a los cambios que experimentan algunas especies a lo largo de su vida: del estado embrionario pasan al larvario, totalmente distinto del adulto, tanto en la anatomía como en la forma de vida. En los insectos, las larvas se

llaman orugas (recordemos que los gusanos se convierten en bellas mariposas); en los anfibios son los renacuajos (ahí están las ranas).

Toda metamorfosis es irreversible y está caracterizada por transformaciones tanto anatómicas como fisiológicas muy profundas Una transformación espiritual ocurre en el hombre como el gusano cuando se convierte en una linda mariposa. El gusano y la mariposa tienen dos naturalezas diferentes. Una maravillosa metamorfosis ha ocurrido en usted, y pronto se dará cuenta de ese cambio, y otras personas también se darán cuenta de eso.

2 Corintios 5:17: «*De modo que si alguno está en Cristo, nueva criatura es, las cosas viejas pasaron, he aquí todas son hechas nuevas.*»

Eso no es una reforma ni una simple modificación de hábitos o costumbres, sino que ahora usted es un ser completamente nuevo a los ojos de Dios.

Cuando la persona recibe la nueva naturaleza, no quiere pecar y desea por amor mantener su vida limpia. El Espíritu Santo que mora en ella anhela reproducir un carácter puro. La nueva naturaleza se manifiesta en un anhelo de victoria personal.

• Perdón de pecados
La Biblia dice en Romanos 3:23: «*Por cuanto todos pecaron están separados de la gloria de Dios.*»

Observe lo que dice el Señor en Isaías 43:25: «*Yo, yo soy el que borro tus rebeliones por amor de mí mismo, y no me acordaré de tus pecados.*»

Un término para la salvación es «renacer» o «nuevo nacimiento» (1 Pedro 1:3, 23). Todos sabemos que el nacimiento es permanente. Una vez nacido, yo soy hijo de mi madre y de mi padre para siempre. Aunque fuera un hijo muy malo y a mis padres yo no les cayera nada bien, el nacimiento es permanente. Dios quiere que nosotros los cristianos sepamos que Él nos ama y que somos sus hijos no importa cómo nos comportemos, así que Él emplea el término «nacimiento» para describir lo que nos ocurre cuando somos salvos. El nacimiento es un acontecimiento único, irreversible y no puede ser anulado.

Se llega a ser hijos por adopción. Otro término para su salvación es «adopción». Al principio usted se puede preguntar por qué Dios diría que somos «adoptados», cuando decir que usted ha «nacido» en su familia parece algo más maravilloso. La respuesta a esa pregunta está en la jurisprudencia romana y la cultura romana de los tiempos en que fue escrito el Nuevo Testamento. De acuerdo con la ley romana, la adopción para entrar en una familia romana era permanente, mientras que un hijo natural podía ser desheredado. Así que al escribirles a los cristianos (como en Romanos, Efesios y Gálatas), se empleó la palabra «adopción» para que el pueblo comprendiera que su salvación era permanente.

* La presencia del Espíritu Santo.

Cuando usted es salvo, Dios le da el Espíritu Santo, su regalo, su don, dentro de usted. Aunque es espíritu, usted puede sentir que está dentro de usted, y es el sello permanente de Dios en usted, indicando de esta manera que usted es Su hijo. Efesios expresa muy claramente que uno es salvo por el creer, y que luego uno es sellado con el Espíritu Santo:

Efesios 1:13,14: «*En él también vosotros, habiendo oído la palabra de verdad, el evangelio de vuestra salvación, y habiendo creído en él, fuisteis sellados con el Espíritu Santo de la promesa, que es las arras [garantía] de nuestra herencia...*»

Lea esos versículos otra vez. ¡Son tan ricos! La Biblia dice que usted está sellado con el Espíritu Santo, el regalo de Dios. Por lo tanto, usted está sellado. Usted fue sellado cuando creyó, y ese sello es la «garantía» de que usted tendrá vida eterna, su «herencia» con el Señor.

Dios ha llegado a ser su Padre celestial, y ahora usted es su hijo o su hija. Desde este momento ha comenzado una maravillosa relación que será eterna. «*Mas a todos los que le recibieron, a los que creen en su nombre les dio potestad de ser hechos hijos de Dios*» (Juan 1:12).

¡Dios dice que usted es su hijo! «*Mirad cuál amor nos ha dado el Padre, para que seamos llamados hijos de Dios; por esto el mundo no nos conoce, porque no le conoció a él. Amados, ahora somos hijos de Dios*» (1 Juan 3:1,2).

No puede ser que un día usted es hijo de Dios y al día siguiente no lo es. Dios optó por comunicarse con nosotros con las palabras que empleamos en nuestro diario hablar, y todos sabemos que los hijos son un agregado permanente a una familia. Nadie tiene hijos en su familia un día y luego no los tiene. Lo mismo que ocurre en nuestras familias humanas ocurre en la familia de Dios. Dios lo llama a usted su hijo para dejar bien en claro que usted está permanentemente en su familia. Ésta también es la razón por la cual los no creyentes nunca son llamados «hijos» de Dios. Ellos no son parte de la familia.

Los hijos tienen la «semilla» de su padre dentro de ellos, y los cristianos nacen de «simiente incorruptible» (1 Pedro 1:23). La Biblia es muy clara: si usted es salvo, usted nació en la familia de Dios, ha sido adoptado de forma permanente, ha sido sellado con el Espíritu Santo, y Dios lo llama hijo de Dios.

- Tiene un nuevo destino

Usted se dirige a un lugar diferente. Ha cambiado de rumbo. Ahora su destino ya no es un lugar de condenación sino un lugar celestial para vivir eternamente con su Señor. Juan 3:36 dice: «*El que cree en el Hijo, tiene vida eterna; pero el que rehúsa creer en el Hijo no verá la vida, sino que la ira de Dios está sobre él.*»

Otro pasaje interesante es 1 Juan 5:11 que dice: «*Y este es el testimonio: que Dios nos ha dado vida; y esta vida está en su Hijo.*» 2 Corintios 5: «*Tenemos de Dios un edificio, una casa no hecha de manos, eterna, en el cielo.*»

• Deseo de amar y obedecer.

El Espíritu Santo viene a morar en el creyente (Juan 14: 15-26). «*Si me amáis, guardad mis mandamientos. …. En aquel día vosotros conoceréis que yo estoy en mi Padre, y vosotros en mí, y yo en vosotros. El que tiene mis mandamientos y los guarda, ése es el que me ama; y el que me ama será amado por mi Padre, y yo le amaré y me manifestaré a él. Le dijo Judas (no el Iscariote): Señor, ¿cómo es que te manifestarás a nosotros, y no al mundo? Respondió Jesús y le dijo: El que me ama, mi palabra guardará; y mi Padre lo amará, y vendremos a él, y haremos morada con él. El que no me ama, no guarda mis palabras; y la palabra que habéis oído no es mía, sino del Padre que me envió. Os he dicho estas cosas estando con vosotros. Mas el Consolador, el Espíritu Santo, a quien el Padre enviará en mi nombre, él os enseñará todas las cosas y os recordará todo lo que yo os lo he dicho.*»

Una evidencia que eres hijo de Dios es el querer obedecerle en todo. Un hijo quiere «tener un parecido» con su padre. De la misma forma, un verdadero hijo de Dios quiere tener la mente y el comportamiento que agrade a su Padre Celestial.

Capítulo 2

El resultado final: Llegar a ser un discípulo

El resultado o meta final del cristiano es llegar a ser un discípulo.

Un cristiano es una persona que ha confiado en Jesucristo para su salvación; porque ha entendido que es pecador y necesita el perdón de sus pecados.

El cristiano ha entendido lo que dice Pablo a la iglesia en Efesios 2:1-2

No se puede pensar en cumplir la Gran Comisión de ir y hacer discípulos sin antes ser un discípulo.

Pero, recordemos lo que ya se ha planteado anteriormente: El ser viene antes que el hacer.

EL LLAMADO DE DIOS AL CRISTIANO

La salvación se alcanza en un momento, pero el crecimiento es algo que dura toda la vida. A lo largo de la vida del creyente, la madurez debe permanecer como la meta. Un cristiano siempre debe estar creciendo y aprendiendo para llegar a ser semejante a Cristo. A través de las pruebas Dios nos moldea y con los dones espirituales nos capacita para que cumplamos su obra maestra: hacernos a la imagen de Cristo.

En la epístola de Santiago se describe la secuencia que Dios usa para producir madurez en la vida de sus hijos: Santiago 1:2-4

- Pruebas
- Fe
- Paciencia

El propósito de las pruebas es producir fe y paciencia para que lleguemos a ser perfectos y cabales, sin que nos falte cosa alguna. Eso es madurez espiritual.

Por otro lado, están los dones dados por el Espíritu Santo. En la carta de Efesios 4:12-13, Pablo dice que los dones espirituales se nos han dado para que lleguemos a la madurez espiritual y a la estatura de Cristo; y así de esa forma la iglesia de Cristo sea edificada.

Vuelvo a reiterar aquí lo que ya se ha dicho: discipulado es el proceso principal de la iglesia, capacitar al cristiano para que llegue a ser como Cristo

Pablo le dice a Timoteo «ejercítate en la piedad» (1 Timoteo 4:7). El ejercicio requiere disciplina, perseverancia, tiempo y resistencia frente al dolor.

En el ejercicio físico si no hay dolor no hay ganancias. «El esfuerzo es solamente esfuerzo cuando comienza a doler.» Empujar los límites del cuerpo produce fortaleza y entereza más allá de las limitaciones anteriores. Y un día, meses más tarde, el cuerpo está fortalecido hasta el punto de poder correr un maratón completo.

Pablo lo plantea de esta manera: olvidando lo que queda detrás y extendiéndome a lo que está delante, prosigo a la meta. Filipenses 3:12-15

Para continuar creciendo en la madurez espiritual, el corredor de larga distancia a menudo debe hacer lo que es difícil. Es difícil mantener la disciplina diaria del estudio bíblico, de la oración y de la meditación. El cristiano que está madurando comprende la necesitad de la perseverancia y la disciplina para llegar a ser un verdadero discípulo de Cristo.

No es casualidad que las palabras *disciplina* y *discípulo* surjan de la misma raíz gramatical. No puede haber discípulo sin disciplina. Los cristianos que no quieren pagar el precio del discipulado, buscan soluciones rápidas y fáciles.

El llamado de Dios al cristiano, de forma individual, es que sea un «*discípulo*», un seguidor comprometido de Jesucristo.

En Mateo 16:24 Jesús les dijo a sus discípulos: «*Si alguno quiere venir en pos de mí, niéguese a sí mismo, y tome su cruz, y sígame.*»

Jesús no lo obliga, pero si usted quiere ser su discípulo tiene que negarse a sí mismo, tomar su cruz y seguirlo.

El llegar a ser como Cristo se llama discipulado, y es un proceso que comienza mucho antes de que acepte a Cristo como Salvador personal y termina con la muerte o el retorno de Cristo.

Las tres etapas del discipulado

El discipulado es un proceso de tres grandes etapas:

(1) La etapa con un cristiano. El discipulado comienza cuando el inconverso tiene por primera vez, contacto con un cristiano. Nadie llega a ser como Cristo sin antes tener un encuentro con un cristiano.

(2) La etapa con Cristo. El cristiano pone al amigo inconverso en contacto con Cristo, y eso hace que éste lo reciba en su corazón para salvación.

(3) La etapa con el Espíritu Santo. Es la etapa de crecimiento y formación espiritual. Aquí el caminar diario con el Espíritu Santo es tan importante.

La salvación es por gracia, pero el discipulado es un proceso que requiere mucha disciplina, y solo se logra mediante la negación de sí mismo, el sacrificio y la perseverancia en la vida diaria. Todo eso se hace bajo la influencia y el poder del Espíritu Santo.

Jesús dice que si se quiere ser un verdadero discípulo no se puede querer en solo intenciones o deseos. Hay que seguirlo; hay que actuar.

RESULTADO DE DIOS PARA LA VIDA DE USTED

Dios quiere que usted llegue a ser un discípulo, un seguidor comprometido de Jesucristo.

El término «cristiano» significa seguidor, imitador de Cristo. Recordemos los pasajes bíblicos ya mencionados.

- 1 Pedro 2:21 dice que Cristo nos ha dejado un ejemplo para que sigamos en sus pisadas.
- Romanos 8:29; 2 Corintios 3:18 enseñan que debemos ser transformados a la imagen de Cristo.
- 2 Pedro 3:18: «Creced en la gracia y en el conocimiento de nuestro Señor y Salvador Jesucristo.»
- Filipenses 2:5: «Haya en vosotros esta manera de pensar que hubo también en Cristo Jesús.»

Es importante llegar a pensar como Cristo porque, primero se tiene el pensamiento y después se lleva a la acción. Si se piensa como Jesús, se comienza a actuar como Jesús.

¿Cómo es un discípulo de Cristo?

¿Hay un criterio claro, específico, concreto y fácil de medir para saber quién es de veras un discípulo?

¿Cuáles son los rasgos de un verdadero discípulo que lo distingue de los demás?

Cada persona tiene un criterio de cómo debe ser un discípulo de Cristo. Entonces no es de extrañarse que en nuestras iglesias no haya un claro concepto de quién es un discípulo, y por lo tanto todos no apuntan en la misma dirección en cuanto a lo que se espera de ellos como cristianos.

Pensamos que un discípulo es alguien que ora, que lee la Biblia o la lleva bajo el brazo, que diezma, o que asiste a los cultos con regularidad. Pero se puede hacer eso y más, y todavía no ser semejante a Cristo.

Un extraterrestre

Un discípulo de Cristo es como un extraterrestre en muchas iglesias. Algunos creen que existe, pero nadie lo ha visto. No se puede tratar de cumplir la Gran Comisión sin saber con exactitud qué es o cómo es un discípulo. Y lo que es más complicado aún, cuesta mucho trabajo entender el proceso o los ingredientes que se necesitan para lograr el resultado final de la iglesia.

Cuando se trata de responder a la pregunta acerca de las características de un discípulo, ¿cómo es uno?, surgen muchas respuestas. Por ejemplo, se dice que un verdadero hijo de Dios muestra las siguientes actitudes:

- Busca ser lleno del Espíritu Santo
- Sabe que la semejanza a Cristo es la meta de la vida cristiana
- Hace de los principios y mandamientos de la Biblia el factor dominante en todas sus decisiones.
- Desarrolla un tiempo devocional diario
- Responde a las necesidades espirituales y materiales de otros.
- Muestra humildad y compasión por los demás.
- Ama a Dios y al prójimo. Cristo ama, por lo tanto tenemos que amar.
- Humildad, porque Cristo era humilde,
- Paciencia, porque Cristo era paciente.
- Perdonador, porque Cristo perdona.

Y así la lista puede continuar hasta hacerse tan larga que se le hace imposible crear criterios claros para medirlas. Una lista tan larga, como la descrita anteriormente, presenta grandes problemas: (1) El primer problema es que la lista es muy larga, y por ser tan larga carece de un enfoque claro. Es como quien desea perder muchas libras, pero se pone tantos requisitos para hacer la dieta que lo desanima y no baja ni una libra, porque parece una tarea tan difícil que se proyecta como imposible de lograr. La montaña que se tiene que escalar es tan grande, que aun antes de comenzar vence al que pretende subirla.

El principio se puede aplicar a las iglesias que están buscando un pastor para que sea su líder espiritual. En ese periodo de búsqueda hacen una lista del candidato deseado; pero, la lista es tan larga, que solo Jesucristo puede llenar los requisitos. Quieren cubrir todos los requisitos el candidato, pero se olvidan de ser prácticos.

(2) El segundo problema que encontramos cuando pensamos en como pedir si una persona es un discípulo o no, es que hay características que son muy subjetivas, y muy difíciles de medir.

Por ejemplo, pensemos en el amor, la máxima expresión de un cristiano. El cristiano debe amar; tiene que amar. No es una opción. Pero ¿cómo se mide el amor? ¿Qué criterio se puede emplear para saber si se está amando o no? ¿Cómo se sabe el nivel o grado de amor de un discípulo? Es muy difícil medir el amor de una persona porque es muy subjetivo, y puede estar sujeta a la opinión personal. Pero sí podemos usar para medir el amor, el criterio de Jesús. Jesús dejó la forma correcta para medir el amor: la obediencia. Él dijo:

«Si me amáis, guardad mis mandamientos»
Juan 14:21

Entonces, por la obediencia sabemos si la persona ama o no. Y la obediencia es más fácil de medir que el amor. Por lo tanto, en lugar de enfocarme en el amor, me enfoco en la obediencia. Criterio que es mucho más objetivo y más fácil medirla.

(3) Y el tercer problema que se afronta cuando definimos a un discípulos son las emociones. Puede haber características que se confunden con las emociones. Es innegable el aspecto emocional de la vida. Aunque el hombre es un ser emocional, no puede basar la vida cristiana en emociones; porque las emociones son muy variables.

Vivimos en una sociedad en la que se evita la incomodidad, el sacrificio y el hacer las cosas por compromiso. Se fomenta la idea de que si algo no se quiere hacer que no se haga. Sin embargo, hay características que debe el discípulo reflejar a pesar de su estado de ánimo o de los sentimientos. El cristiano que quiere ser un verdadero discípulo es un soldado, y el soldado no discute o no cuestiona las leyes, solo las obedece, aunque no quiera o no las entienda.

Por ejemplo, ¿ha tenido usted alguna vez «ganas de no amar»? ¿Ha tenido usted alguna vez el deseo de no perdonar? ¿Ha tenido usted el deseo de no diezmar? Si hemos de ser sinceros tenemos que admitir que ha habido momentos en la vida que no ha habido «el deseo». Pero Jesús dice que se debe amar, perdonar por obediencia, no solo cuando se tiene ganas de hacerlo. Aun dar los diezmos debe ser por obediencia.

La palabra clave es obediencia.

¿Cuál es el resultado que Dios quiere lograr en la vida del creyente?

¿Se puede condensar la lista para saber con exactitud si se es o no un discípulo?

Al examinar el ministerio de Cristo, se puede ver que dejó criterios muy específicos, claros y medibles, por los cuales puede evaluarse y preguntarse si estamos logrando nuestro propósito de crecer a la estatura de Nuestro Señor.

Características específicas y parámetros claros para medirlas, facilita el proceso de evaluación de si es un discípulo o no.

CARACTERÍSTICAS DE UN DISCÍPULO DE CRISTO

Para definir o reconocer a un discípulo de Cristo, tenemos que ver a Cristo. ¿Cómo es Cristo? ¿Cómo vivió Cristo en la tierra durante su ministerio?

¿Cuál es el resultado que Dios quiere lograr en mi vida? Dios quiere que yo sea un discípulo; un seguidor comprometido de Jesucristo.

Entonces la meta de cada cristiano es llegar a ser un verdadero discípulo de Cristo y de esa forma honrar a Dios el Padre.

Tratando de hacer la lista fácil de recordar, práctica, y sobre todo que represente el carácter de nuestro maestro, el Señor Jesucristo, hay una sola característica reflejada en su estilo de vida: obediencia.

Jesús reflejaba la obediencia al buscar la intimidad con el Padre. Con frecuencia se apartaba para orar y buscar la comunión con Dios. Su vida de oración era tan poderosa que impresionó a los discípulos; y ellos le pidieron que los enseñara a orar.

Jesús también reflejaba la obediencia en su vida de servicio al prójimo. Él dijo: «*Ejemplo os he dado, para que como yo os he hecho, vosotros también hagáis*» (Juan 13:15).

Por último, Jesús reflejaba la obediencia en su deseo y estrategia al reproducirse. Jesús tomo discípulos, luego apóstoles; pasó tiempo con ellos y les dio una tarea. Jesús proclamó el mensaje de arrepentimiento y de salvación.

Examine lo que dice la Biblia en Juan 15:8: «*En esto es glorificado mi Padre, en que llevéis mucho fruto, y seáis así mis discípulos.*»

¿Cuál es la característica de un discípulo?

Entonces, concluyendo con lo que ya se ha planteado, según la Biblia, la característica de un discípulo es la obediencia.

Juan 15:14: «*Vosotros sois mis amigos si hacéis lo que yo os mando* El discípulo no se reconoce por el conocimiento, sino por la obediencia.

LA OBEDIENCIA SE REFLEJA EN TRES ASPECTOS
* La intimidad con Dios a través del tiempo devocional.
* La reproducción espiritual al compartir a Cristo mediante el testimonio personal.
* El servicio a Dios y a las personas a través de un ministerio en la iglesia.

PASAR TIEMPO CON DIOS: LA OBEDIENCIA EN LA INTIMIDAD CON DIOS

La obediencia a nuestro tiempo devocional es la clave para el crecimiento espiritual. No hay tiempo más importante que el tiempo que se pasa en la intimidad con Dios. Se sabe si usted es un discípulo, si pasa tiempo con Dios. Si usted no tiene interés en pasar tiempo con Dios, y no hace una prioridad el tiempo devocional diario, sencillamente, usted no es un discípulo de Cristo.

La meta del cristiano no es la lectura de la Biblia, la oración y el tiempo devocional. Esos son los medios que Dios ha dejado para acercarnos a El. La meta del cristiano es la intimidad con Dios. Cuando pasamos tiempo con Dios, somos controlados por el Espíritu Santo, y tenemos comunión con Cristo. La lectura de la Biblia y la oración son los medios para conocer a Dios más íntimamente. No leamos la Biblia para tener más conocimiento bíblico, sino, para conocer mejor a Dios.

La práctica del tiempo devocional

a. Diario. El hábito de tener un tiempo con Dios debe ser todos los días.

«El tiempo devocional es un tiempo diario que aparto para estar con Dios, y así poder llegar a conocerlo mejor a través de la oración y de la Biblia.»

b. Constante. Para lograr resultados positivos en nuestra vida diaria, nuestro tiempo devocional debe ser constante.

La importancia del tiempo devocional.

Su tiempo a solas con Dios debe ser la prioridad en su horario del día por cinco razones:

1. Fuimos CREADOS para tener compañerismo con Dios.

«Y creó Dios al hombre a su imagen» Génesis1:27.

2. La Biblia NOS ENSEÑA QUE ES importante para Dios el tener una relación con el hombre.

«Dios…. nos llamó a vivir en unión con su Hijo Jesucristo» 1 Corintios 1:9.

3. Un tiempo personal con Dios era la PRIORIDAD de Jesús.

Marcos 1:35, Lucas 22:39, Lucas 5:16

Jesús a menudo se apartaba a lugares solitarios para orar.

4. Toda persona que quiere conocer la voluntad de Dios debe tener un tiempo diario con Él. Solo puedes conocer los deseos de una persona pasando tiempo con esa persona.

5. El tiempo devocional es la parte más importante en el crecimiento espiritual.

«No sólo de pan vivirá el hombre, sino de toda palabra que sale de la boca de Dios» Mateo 4:4.

SERVICIO:
LA OBEDIENCIA EN EL SERVIR
A DIOS Y A LOS DEMÁS

Efesios 4:11-12: «*Y él mismo constituyó a unos, apóstoles; a otros, profetas; a otros, evangelistas; a otros, pastores y maestros; a fin de perfeccionar a los santos para la obra del ministerio.*» Dios lo creó a usted para que contribuyera, y no solo para consumir. Tiene que hacer una contribución con su vida. Dios lo hizo para que dejara su marca en la tierra. Lo que importa no es *cuánto* vivirá sino *cómo* vivirá. Dice un escritor cristiano que lo que importa no es tanto la duración de su vida, sino la donación de su vida.

A veces no invertimos en los demás por egoísmo, perfeccionismo o materialismo.

«*Cuídense de no hacer sus obras de justicia delante de la gente para llamar la atención. Si actúan así, su Padre que está en el cielo no les dará ninguna recompensa.*» (Mateo 6:1)

Prosperidad no es la acumulación de los bienes materiales, sino la capacidad de disfrutar en paz de lo que se posee. Una persona egoísta, que solo piensa en su felicidad, no puede ser feliz.

«Nuestra prosperidad no debe medirse por lo que acumulamos, sino por la manera en que invertimos los recursos que Dios nos da para el beneficio de otros.»

JESÚS INVERTÍA EN LAS PERSONAS

Dice la Biblia que Jesús «*recorría todas las ciudades, y aldeas, enseñando en las sinagogas de ellos, predicando el evangelio del reino, y sanando toda enfermedad y toda dolencia en el pueblo*» (Mateo 9:35).

Por donde quiera que Jesús iba hacía conexión con las personas. Las personas representaban lo más importante para Jesús.

Jesús invertía en las personas porque tenía un alto grado de compasión por ellas. A Jesús no lo movía la lástima sino la compasión. La compasión agrega valor a la vida, ayuda a desarrollar el carácter, adiestra a las personas, es sensible a las necesidades individuales, pero reconoce su potencialidad. La compasión involucra el corazón, y siempre da más de lo necesario. La lástima se enfoca en la necesidad del individuo, y nunca se involucra más allá de esa necesidad. Siempre trata de hacer lo mínimo, y por lo general está motivada por sentimientos egoístas como la satisfacción personal o el sentido de superioridad.

En el Evangelio según San Mateo 19:16 está el encuentro de Jesús con un joven rico, que pensaba que era bueno, y que había cumplido todos los mandamientos. Sin embargo, Jesús le mandó a vender todas sus posiciones, y darlas a los pobres.

Podemos pensar que era un poco extremista el consejo de Jesús a ese joven, de vender todo lo que tenía; pero el principio es básico: invierte en los pobres.

Jesús fue el modelo perfecto de invertir en los demás; que estuvo dispuesto a entregar su vida por el hombre.

Efesios 2:10 dice que «*somos hechura de Dios, creados en Cristo Jesús para buenas obras, las cuales Dios dispuso de antemano a fin de que las pongamos en práctica.*»

La base para el servicio

- El servir es un acto de amor y devoción a Cristo. Juan 21:15-17
- Dios tiene un propósito y un llamado especial para cada uno de nosotros. Efesios 2:10
- Todos tenemos un don o varios dones para cumplir ese llamado. 1 Corintios 12-14
- Los dones son dados para usarlos en la comunidad. Romanos 12:4
- Los dones deben usarse para servir a Dios y a nuestro prójimo, no para enterrarlos. Mateo 25:14-30

- El papel de los líderes de la iglesia es preparar a otros para el ministerio. Efesios 4:11-16
- Hay crecimiento espiritual cuando servimos a otros. Santiago 1:22-27

REPRODUCCIÓN:
LA OBEDIENCIA EN LA REPRODUCCIÓN

Una vez que el cristiano se enfoca en ser un discípulo, siente la responsabilidad y va a estar en mejores condiciones para hacer discípulos.

El hacer discípulo tiene tres etapas:

1. Primera etapa: La etapa de hacer amistad con intención.

El evangelismo se desarrolla en la amistad. Así también el proceso del discipulado comienza cuando un cristiano tiene amistad con un inconverso.

2. Segunda etapa: La etapa de presentar el plan de salvación: el evangelismo.

¿Qué está haciendo usted para ganar a otro para Cristo? Un verdadero discípulo es un testigo. Tiene que dar fruto. Y el fruto de un cristiano es otro cristiano. La persona que no tiene hijos, termina su línea generacional. El cristianismo no puede terminar cuando el cristiano muere. Si queremos que el cristianismo no muera, es necesario «dar a luz» a otro cristiano. Esa es la razón principal por la que Dios deja vivir a la persona después que acepta a Cristo, para que le hable a otra persona acerca de Cristo y lo que Él ha hecho en su vida. El cristiano que tiene interés porque otras personas se salven ora regularmente por los perdidos de forma específica y por nombres. Además, da su testimonio a otros cuando se presenta la oportunidad.

3. La tercera etapa, es la etapa del seguimiento. En el evangelismo está la etapa de hacer amistad con los inconversos, luego se les presenta el plan de salvación (se les da testimonio), y después se les da seguimiento, se les hace discípulos. Si dar a luz un niño es importante, cuidar de ese niño, también es importante. La responsabilidad de los padres apenas comienza con el nacimiento del bebé. Así es cuando se da a luz a un bebé espiritual; hay que cuidarlo. La etapa de seguimiento es primordial en el crecimiento del bebé espiritual. No se puede relegar esa tarea a una tercera persona. La persona más indicada para darle seguimiento al nuevo creyente, es la persona que lo evangelizo. No se termina con el nuevo creyente cuando este nace de nuevo. Es responsabilidad del *padre o de la madre espiritual* de guiar a su bebé en los primeros caminos de la vida cristiana.

2 Timoteo 2:2: «*Lo que has oído de mí ante muchos testigos, esto encarga a hombres fieles que sean idóneos para enseñar también a otros.*»

Jesús llama a su discípulo para que tenga una relación estrecha con Él, y producto de esa relación comienza un proceso de formación y transformación espiritual que lo capacitará para ser pescador de hombres. En Mateo 4: 18 y 19 el Señor dijo a sus discípulos: «*Venid en pos de mí, y os haré pescadores de hombres.*»

Pedro y Andrés, echaban la red en el mar porque eran pescadores. No eran pescadores de pasatiempo, de placer. Eran profesionales. Habían ido al mar para buscar el sustento para su familia. Eran pescadores de redes, no de anzuelo. Hay una gran diferencia entre pescar con anzuelo y pescar con redes. Por ejemplo, el que pesca con redes no hiere al pescado, pesca en grupo, se tiene que meter en el agua por lo regular, mar adentro en las profundidades. Jesús fue a buscarlos, estaba en la orilla; pero tuvo que mojarse un poco.

Veamos el proceso en el llamamiento de Jesús.

- Vengan. «*Venid*»

Salgan de la comodidad. Hay un movimiento necesario de parte del hombre. Un desplazamiento a un nuevo lugar. Cuando el Señor dice: «Venid en pos de mí», no quiere decir que vayamos de vez en cuando. Ellos iban y volvían. Se quedaban algunos días con el Señor, y luego regresaban a su trabajo. Uno puede llegar a pensar que ese fue el primer encuentro y que fue algo muy espontáneo. Si leemos con atención los Evangelios, descubriremos que ellos ya tenían una relación con el Señor desde hacía tiempo. Iban y venían, se quedaban un tiempo y volvían a su oficio.

Para todos hay un momento en nuestra vida cristiana en que estamos yendo y viniendo en esa relación con el Señor. Entonces llega el llamado, el mandato divino, para rendirnos total y absolutamente a Él, a su propósito y al servicio de su obra

- Personalmente. «*En pos de mí*».

Es un llamado personal. No es ir a una doctrina, a una religión, ni a una serie de reglas y regulaciones. Ven a pasar tiempo conmigo. Ellos estuvieron tres años con Él.

- Un proceso largo y doloroso. «*Os haré.*» Los moldearé, los transformaré.

La obra de Dios en mi vida tiene que ver con «quebrantar», moldear, dar forma a la imagen de Cristo. Jesús es el que nos hace pescadores. Si trato de *hacer*, en lugar de primero, *ser*, interrumpo el plan de Dios. Por lo tanto, tengo que ir a la intimidad con Él; y luego comienzo a pescar.

- Les daré un propósito más grande que ustedes. «*Os haré Pescadores.*» Voy a dar un propósito de vida, un trabajo vitalicio.

En otras palabras, Jesús les estaba diciendo: «les voy a enseñar un nuevo oficio, algo que ustedes no saben; totalmente diferente de lo que ustedes han hecho hasta ahora». Los haré pescadores de hombres. Dios parte de lo conocido a lo desconocido.

Aquí les presento el proceso claro para poder cumplir con el propósito de Dios para nuestra vida:

Primero usted se mueve hacia la intimidad con Cristo, después Él comienza a obrar en la vida de usted, y luego Él lo prepara para que pueda cumplir su propósito de pescar hombres.

El primer llamado es a conocerlo a Él, a seguirlo, a vivir con Él, a participar de Él. Pero luego el Señor nos encomienda una tarea específica; es decir, un servicio.

Al oír el llamado que Jesús le hacía, ellos tuvieron una pronta respuesta dice el versículo 20: dejaron al instante las redes. Hay dos maneras de interpretar esta frase. Una forma de interpretarla es que dejaron todo abandonado en el mar, y se fueron tras Jesús. La otra forma de interpretar la frase es la más natural. Significa que desde ese momento ellos dijeron: 'vamos a salir de aquí, vamos a llevar el bote a la orilla. Ahora vamos a dedicar nuestra vida a algo más importante'.

Desde aquel día comenzó un proceso hacia la obediencia.

La crisis y el propósito de la obediencia

La obediencia tiene su crisis y tiene su propósito. Cada vez que Jesús llama a la intimidad con Él, produce en nosotros una crisis; decido obedecerle, o decido no hacerle caso. Luego que decido obedecerle, comienza un proceso.

En el caso de los discípulos aquel día, salieron, lo recogieron todo, amarraron el bote, se fueron a sus casas, se bañaron y le explicaron a su familia que desde aquel día ya no pescarían más; se convertirían en discípulos de Jesús.

Pedro, Andrés y todos los discípulos tuvieron que hacer ajustes. Si usted quiere seguir a Jesucristo, tiene que hacer ajustes. Si usted siente el llamado de Dios, tiene que comenzar un proceso para hacer ese llamado una realidad. No solo hay una crisis de la obediencia, hay un proceso a la obediencia.

Le siguieron. Esa frase se lee rápido, pero todos sabemos lo que eso significó.

Le siguieron a pesar de...

• Burlas.

• Negación, perdón y restauración.

• Desilusión.

• Persecución y muerte.

El plan de Dios

La evangelización es el trabajo en equipo entre el hombre y Dios. Pablo dice que «*somos colaboradores de Dios*» (1 Corintios 3:9). Los discípulos de Jesús caminaron con Él, aprendieron de Él y fueron testigos de su resurrección. Se les encomendó que continuaran la obra. Las palabras del Salvador fueron: «Como me envió el Padre» (Juan 20:21), definiendo así la misión divina. Jesús seguiría haciendo su obra por medio de ellos.

Para esto Dios proveyó EL PLAN. Todo lo que haría a favor del hombre, lo haría con la colaboración del hombre.

Observemos los siguientes relatos bíblicos donde eso se ve con claridad.

El apóstol Pablo se encontró con Cristo en el camino de Damasco, pero Cristo no le predicó el evangelio. Ananías fue el colaborador de Dios en ese acontecimiento (Hechos 9:5, 6, 17).

Un ángel le comunicó a Cornelio la aprobación de Dios a sus buenas obras, pero recibió instrucción de buscar a Pedro, quien le hablaría palabras por la cuales sería salvo él y toda su casa (Hechos 10:1-6; 11:14).

El Espíritu Santo dijo a Felipe que se acercara al carro en donde viajaba el etíope leyendo al profeta Isaías (Hechos 8:26-39).

En cada relato vemos la manifestación divina, pero siempre el evangelio lo predicó un fiel colaborador de Dios.

La participación activa del cristiano en proclamar el evangelio es un importante eslabón entre Dios y el hombre perdido en el pecado.

Los pasos para el evangelismo

- Un cristiano hace amistad con un inconverso. La amabilidad y la amistad preparan el corazón de la persona para que reciba el toque de Cristo.
- Un cristiano da un buen testimonio a un inconverso. Un buen testimonio es "el mensaje" que se predica sin palabras. El mensaje es: Cristo me ha cambiado a mí, y te puede cambiar a ti. Cristo ha hecho una obra en mi vida.
- Un cristiano presenta el plan de salvación a un inconverso de forma clara y precisa. El inconverso debe tener la oportunidad de escuchar el mensaje de salvación.

EL PODER DEL ESPÍRITU SANTO EN LA REPRODUCCIÓN ESPIRITUAL

Si no fuera por el Espíritu Santo, no habría evangelización ni reproducción espiritual.

La Biblia dice: «*Dios no te ha dado un espíritu de cobardía sino de poder*» (2 Timoteo 1:7). «*Pero recibiréis poder, cuando haya venido sobre vosotros el Espíritu Santo, y me seréis testigos*» (Hechos 1:8).

El Espíritu Santo da palabras para saber qué decir. El Evangelio según San Lucas 21:12-15 dice: «*Pero antes de todas estas cosas os echarán mano, y os perseguirán, y os entregarán a las sinagogas y a las cárceles, y seréis llevados ante reyes y ante gobernadores por causa de mi nombre. Y esto os será ocasión para dar testimonio. Proponed en vuestros corazones no pensar antes cómo habéis de responder en vuestra defensa; porque yo os daré palabra y sabiduría, la cual no podrán resistir ni contradecir todos los que se opongan.*»

«Y de igual manera el Espíritu nos ayuda en nuestra debilidad; pues qué hemos de pedir como conviene, no lo sabemos, pero el Espíritu mismo intercede por nosotros con gemidos indecibles. Mas el que escudriña los corazones sabe cuál es la intención del Espíritu, porque conforme a la voluntad de Dios intercede por los santos» (Romanos 8:26, 27).

«Pero la unción que vosotros recibisteis de él permanece en vosotros, y no tenéis necesidad de que nadie os enseñe; así como la unción misma os enseña todas las cosas, y es verdadera, y no es mentira, según ella os ha enseñado, permaneced en él» (1 Juan 2:27).

El evangelio es el poder de Dios para salvación (Romanos 1:16). Ese evangelio salvador debe proclamarse, anunciarse. El evangelio es un tesoro que aún sigue transportado en vasos de barro (2 Corintios 4:7).

Dios desea hacer cosas maravillosas en los hogares.

Dios desea hacer cosas maravillosas en los matrimonios.

Dios desea usarlo a usted para que también dé el mensaje de fe, esperanza, consuelo, liberación y salvación.

Encontrar su ministerio es una tarea que dura toda la vida; pero puede usar los siguientes tres pasos para comenzar:

- Descubra sus dones, su experiencia, sus habilidades, su pasión y su personalidad.
- Explore los ministerios en la iglesia para saber cuál será el mejor para usted.
- Sirva en el lugar donde Dios lo quiere tener.

Recuerde, usted está colaborando con Dios en la evangelización del mundo; así que, debe tener un comportamiento digno del Dios a quien representa.

Capítulo 3

Los dos recursos del cristiano

El creyente tiene dos grandes recursos a su disposición para llegar a ser un verdadero discípulo de Cristo.

EL RECURSO DIVINO

El primer recurso es el recurso divino, del cual solo viene de Dios sin ningún control humano. El cristiano tiene a la persona, la presencia, las promesas y el poder de Dios.

- **La persona de Dios**

Tal vez la verdad más hermosa para la mente humana sea comprender, que ha sido Dios quien se da a conocer. Desde que creó al hombre, Él ha optado por manifestarse al ser humano, por comunicarse y por revelarse. Él anhela que el ser humano experimente la comunicación con Dios y conozca los atributos que Dios revela de sí mismo.

¿Cómo es Dios?

Por una decisión personal y libre, Dios se revela al hombre. Dios está interesado que el hombre conozca como es El. Es más importante para el hombre conocer cómo es Dios que saber lo que Dios es capaz de hacer.

Dios, que habita en gloria, quiere comunicar su propia vida divina a los hombres libremente creados por Él, para hacer de ellos hijos espirituales. Al revelarse a sí mismo, Dios quiere hacer a los hombres capaces de responderle, de conocerlo y de amarlo, algo imposible por cualquier fuerza humana. Dios invita al hombre a una comunión íntima con Él.

¿Podemos saber cómo es Dios?

Dios se reveló al hombre en Jesucristo. Desde que Cristo vino a este mundo a enseñar, sanar, consolar y morir por nosotros, ya no andamos en oscuridad. Ya no ignoramos cómo es Dios. ¡Sabemos cómo Él es!

Conociendo a Jesucristo, conocemos a Dios. Jesús dijo: «*Yo y el Padre uno somos.*» Y en otro lugar dice: Si me conocieseis, también a mi Padre conoceríais; y desde ahora le conocéis, y le habéis visto." Y a uno de sus discípulos le responde: «*El que me ha visto a mí, ha visto al Padre; ¿cómo, pues, dices tú: Muéstranos el Padre?*» (Juan 10:30; 14:7, 9)

Si queremos saber cómo es Dios, debemos creer que Jesucristo «es el reflejo, o la representación del Dios invisible» (Colosenses 1:15; 2:9).

¿Cómo es Dios?

1. Dios es el fiel Pastor. Jesús dijo: «Yo soy el buen pastor.»

2. Dios es el gran Médico. Se compadece de los que sufren y tiene el remedio eficaz para todos ellos.

3. Dios es el Maestro perfecto, conocedor de toda sabiduría. Conoce la mente y el corazón humano, y se manifiesta a todos los que lo buscan.

4. Dios es el Padre, sabio, amante, proveedor, consejero y disciplinador. Dios goza cuando sus hijos son buenos y prósperos; y sufre cuando ellos sufren o se apartan de sus sendas por caminos escabrosos. Jesús oro: «Padre nuestro que estás en los cielos...»

Ahora sabemos que Dios es paciente, que no quiere que el hombre perezca, sino que todos, hombres y mujeres, procedan al arrepentimiento.

La Biblia dice: «*El Señor no retarda su promesa, según algunos la tienen por tardanza, sino que es paciente para con nosotros, no queriendo que ninguno perezca, sino que todos procedan al arrepentimiento*» (2 Pedro 3:9).

Dios nos mostró su inmenso e infinito amor al darnos a su Hijo. «*Porque de tal manera amó Dios al mundo, que ha dado a su Hijo unigénito, para que todo aquel que en él cree, no se pierda...*» (Juan 3:16).

- **La presencia de Dios**
El Espíritu Santo es la presencia de Dios en cada creyente. Es el Consolador que ha venido para estar con nosotros para siempre.
El Espíritu Santo capacita al creyente para que cumpla los propósitos de Dios en su vida.

«*Y él os dio vida a vosotros, cuando estabais muertos en vuestros delitos y pecados*» (Efesios 2:1).

«*El espíritu es el que da vida*» (Juan 6:63).

El Espíritu Santo da la seguridad interna de salvación.

«*Porque el mismo Espíritu da testimonio a nuestro espíritu, de que somos hijos de Dios*» (Romanos 8:16).

«*Y el Espíritu es el que da testimonio; porque el Espíritu es la verdad*» (1 Juan 5:6).

El Espíritu Santo nos da poder para vivir la vida que a Dios le agrada porque:

a. Él nos guía a toda verdad.

«*Pero cuando venga el Espíritu de verdad, él os guiará a toda la verdad; porque no hablará por su propia cuenta, sino que hablará todo lo que oyere, y os hará saber las cosas que habrán de venir*» (Juan 16:13).

b. Él nos enseña todas las cosas.

«Mas el Consolador, el Espíritu Santo, a quien el Padre enviará en mi nombre, él os enseñará todas las cosas, y os recordará todo lo que yo os he dicho» (Juan 14:26).

«Pero la unción que vosotros recibisteis de él permanece en vosotros, y no tenéis necesidad de que nadie os enseñe; así como la unción misma os enseña todas las cosas, y es verdadera, y no es mentira, según ella os ha enseñado, permaneced en él» (1 Juan 2:27).

¿Está Dios ausente de los problemas del hombre? ¿Es un Dios lejano o es un Dios cercano al hombre?

Dios está presente, siempre ha estado presente en la existencia del hombre.

El salmo 139 dice: *«Oh Jehová, tú me has examinado y conocido. Tú has conocido mi sentarme y mi levantarme; has entendido desde lejos mis pensamientos. Has escudriñado mi andar y mi reposo, y todos mis caminos te son conocidos.»*

Alguien escribió que Dios no nos arrastra, sino que nos atrae.

El hombre es el gran beneficiario cuando busca a Dios y comienza a conocerlo.

Cuanto más conoce el hombre a Dios, tanto más se humaniza.

• **Las Promesas de Dios para el creyente.**

Las promesas de Dios son la garantía de que no abandona a sus hijos. Dios actúa por promesas, no por impulsos. Cuando promete algo, Él se compromete a cumplirlo. Por esa razón, cuanto más se conocen las promesas, tanto más se puede actuar con fe evitando errores. La fe junto con la promesa es lo que mueve la mano de Dios. Si se actúa con fe, pero sobre algo que Dios no ha prometido, se está haciendo sin su consentimiento; y cualquier cosa que se hace sin la aprobación de Dios, por muy sincera que sea, tiende a fracasar.

Dios tiene grandes promesas para el cristiano. Promesas que no están sujetas a las debilidades humanas, al clima o a las circunstancias, ni a las personas que están a su alrededor, sino que están fundamentadas exclusivamente en el carácter de Dios. Son promesas fundamentadas en el deseo de Dios de bendecir al cristiano para que pueda llegar a ser un discípulo.

- **El poder de Dios manifestado en el creyente**
  El poder sobrenatural de Dios siempre ha estado obrando en la vida del hombre. Con Dios todo es grande, nada es pequeño. Isaac Newton decía: «Si he podido ver más allá que los demás es porque me he colocado en los hombros de un gigante, en los hombros de Dios.»
  El Espíritu Santo está *con, en* y *sobre* el cristiano. El Espíritu Santo sobre el creyente es la manifestación del poder de Dios. Es un poder donde todas las cosas le obedecen. Es un poder capaz de reconstruir todo lo destruido por el alcohol, las drogas, los abusos y todas nuestras debilidades. Eso es lo que hace el poder de Dios. Él es más real que cualquier cosa que se pueda tocar, es más real que cualquier persona que esté cerca en este momento.
  El poder de Dios está disponible para el cristiano. Él puede reconstruir todo lo que parece totalmente perdido y sin remedio. Dice el salmista: «*Oh Dios, restáuranos; Haz resplandecer tu rostro, y seremos salvos*» Salmo 80:3.

- **Los problemas de la vida**
  Otro recurso divino a favor del cristiano es los problemas que Dios permite y que el hombre no tiene ningún control sobre ellos.
  Se cuenta que un hombre vio una oruga que estaba convirtiéndose en mariposa. Cuando quería salir, el hombre quiso ayudarla a salir. El hombre la ayudó y la mariposa salió, pero ocurrió algo, la mariposa salió débil, pues le faltó un químico que solo se consigue estando en desarrollo el tiempo necesario.

De igual forma, el hombre está en desarrollo; y Dios permite que pase por ciertos problemas para fortalecerlo en su desarrollo. Si un padre protege demasiado a un hijo, el niño está siendo más afectado que amado, pues no está teniendo las experiencias necesarias para que madure por sí mismo. Así Dios nos deja que tomemos nuestras decisiones para que así maduremos en diferentes aspectos en los que solos nos dañamos.

Dios quiere que el hombre madure, crezca con salud espiritual suficiente para tomar responsabilidad por sus actos y pueda saber la diferencia entre actuar con fe y cuándo depender de la fe.

En una ocasión un padre económicamente acomodado, queriendo que su hijo supiera lo que es ser pobre, lo llevó para que pasara un par de días en el monte con una familia campesina. Pasaron tres días y dos noches en su vivienda del campo. En el automóvil, al volver a la ciudad, el padre le preguntó a su hijo: ¿Qué te pareció la experiencia? Buena – contestó el hijo con la mirada puesta en la distancia.

¿Y qué aprendiste? – insistió el padre.

El hijo contestó:

1.- Que nosotros tenemos un perro y ellos tienen cuatro.

2.- Nosotros tenemos una piscina con agua estancada que llega a la mitad del jardín, y ellos tienen un río de agua cristalina, donde hay pececitos.

3.- Que nosotros importamos linternas del Oriente para alumbrar nuestro jardín…mientras que ellos se alumbran con las estrellas, la luna y velas sobre la mesa.

4.- Nuestro patio llega hasta la cerca, y el de ellos llega al horizonte.

5.- Que nosotros compramos nuestra comida, y ellos siembran y cosechan la suya.

6.- Nosotros oímos discos compactos. Ellos escuchan una perpetua sinfonía de golondrinas, pericos, ranas, sapos, chicharras y otros animalitos. Todo eso a veces dominado por el sonoro canto de un vecino que trabaja en su terreno.

7.- Nosotros cocinamos en estufa eléctrica. Ellos todo lo que comen tiene ese sabor del fogón de leña.

8.- Para protegernos vivimos rodeados por un muro, con alarmas. Ellos viven con sus puertas abiertas, protegidos por la amistad de sus vecinos.

9.- Nosotros vivimos conectados al teléfono móvil, al ordenador, al televisor. Ellos, en cambio, están "conectados" a la vida, al cielo, al sol, al agua, al verde del monte, a los animales, a sus siembras, a su familia.

El padre quedó impresionado por la profundidad del pensamiento de su hijo. El hijo terminó agradeciendo al padre por haberle enseñado lo pobre que eran.

EL RECURSO HUMANO PARA LLEGAR A SER UN DISCÍPULO

Ya vimos el recurso divino, ahora veamos el segundo recurso que tiene el hombre para poder llegar a ser como Cristo. Es el recurso humano.

Hay una serie de recursos que son necesarios para poder llegar a la imagen de Cristo, que tienen que ver con lo que está al alcance del hombre. Son recursos que, aunque tengan connotación espiritual, el cristiano tiene control sobre ellos.

Los recursos del aspecto humano son todos aquellos que el hombre tiene la responsabilidad de desarrollarlos y controlarlos.

En el recurso humano el hombre tiene el control. Por ejemplo, el cristiano puede decidir leer la Biblia, o no; orar o no orar, puede decidir ir a la iglesia o no. Eso no sucede en el caso del recurso divino; donde todo el control está en Dios.

Estos recursos de aspectos humanos son:
- **La iglesia, el grupo de creyentes.**

La iglesia está compuesta por cristianos que se ayudan mutuamente en el viaje hacia la meta. La iglesia debe estar organizada de tal forma que ayude al creyente a llegar a ser un discípulo. Sin la iglesia el creyente no podrá llegar a ser como Cristo.
- **La adoración.**

El segundo recurso, tiene que ver con la adoración corporal en la comunión con otros creyentes; y personal, durante el tiempo devocional diario.

Cada vez, que el cristiano se reúne con sus hermanos en la fe para adorar a Dios, fortalece su vida. El conjunto de creyentes que adoran a Dios lo contagia de tal forma que siempre sale edificado. Sin ese tiempo colectivo donde adora a Dios, su vida cristiana siempre estará carente de un ingrediente necesario para crecer. Será como el cuerpo con falta de una vitamina esencial.

La adoración puede ser un tiempo significativo o un tiempo aburrido; un tiempo organizado o un tiempo desorganizado.
- **El compañerismo.**

El tercer recurso tiene que ver con el compañerismo que glorifica a Dios.

La iglesia es una comunidad sanadora. No importa cuántas personas «inapropiadas o negativas» se encuentren en el camino, siempre hay «más personas buenas, y positivas» para enriquecer su vida. Siempre se va a encontrar la flor en medio de las espinas; pero no por eso desprecia la flor.

El desarrollo del carácter es un proceso que dura toda la vida, pero la interacción con otros creyentes ofrece una oportunidad única para crecer.

La teoría (lo que cree) se une con la práctica. Por ejemplo, ¿cómo crece el amor si no tiene a quién amar? ¿Cómo se desarrolla la paciencia, el perdón y la misericordia sin nadie alrededor?

Cuando trabaja en la dinámica de las relaciones interpersonales tiene que reconocer errores, aprender a vivir con las personas que lo rodean y soportar a otros.

Hay varios pasajes de la Biblia que nos hablan de la importancia del apoyo que encontramos en la compañía de otros creyentes. La idea del *llanero solitario no tiene cabida en el cuerpo de Cristo.*

Eclesiastés 4:9,10: «*Mejores son dos que uno, porque tienen mejor paga de su trabajo... Porque si cayeren, el uno levantará a su compañero.*»

Proverbios 27:17: «*hierro con hierro se aguza.*»

Proverbios 24:17: «*Cuando cayere tu enemigo no te regocijes,.... no sea que Jehová lo mire y le desagrade.*»

• **El servicio al prójimo.**

El cuarto aspecto relacionado con el recurso humano es el servicio al prójimo. El cristiano tiene control si va o no a servir al necesitado.

No es un secreto que ayudar a otra persona produce doble beneficio: la bendición para la persona ayudada y la bendición para la persona que ayuda. Al invertir en el bienestar de otros se está invirtiendo en el bienestar propio. Aun en la oración, notamos los beneficios personales de aquellos que ora. La oración siempre cambia primero al que ora, y después a la otra persona. Invertir en la oración intercesora produce grandes cambios espirituales.

El servir en un ministerio es una buena terapia. Al enfocarse en los problemas de los demás, se olvidan los propios.

¿Por qué ayudar?

1. Nos enseña a producir frutos espirituales. Tito 3:14
2. Prueba nuestro amor por Dios. 1 Juan 3:17
3. Agradamos a Dios cuando ayudamos a otros. Hebreos 13:16
4. Cuando ayudamos a otros lo hacemos para Jesús también. Mateo 25:40

5. Es un testimonio poderoso al mundo de nuestra fe y nuestro amor a Dios. Isaías 58:10

• **Compartir el mensaje de Jesucristo con otros**

El hablar de Cristo representa el otro aspecto dentro de los recursos que tiene el cristiano para llegar a ser un discípulo, No hay nada que dé más gozo que ser instrumento de transformación espiritual en la vida de otra persona. Es el aire para los pulmones espirituales. No hay cosa que dé más vida que hablar de Cristo a los demás.

Cuando se experimenta el gozo de ser parte en la salvación de otra persona, eso no solo reafirma la fe y la confianza en Dios. También Dios mismo se convierte en el inversionista número uno en la vida de usted. No hay ninguna otra cosa que mueva todos los recursos del cielo hacia la tierra.

• **El estudio de la Biblia y la oración**

El estudio de la Biblia es el recurso humano que se presta a mayor confusión porque el estudio sin aplicación es solo conocimiento.

Hay métodos y recursos modernos que pueden utilizarse para llevar a cabo el tiempo devocional. El tiempo devocional diario es importante para el cristiano que desea ser un discípulo de Cristo. Todo lo que se necesita para el crecimiento espiritual está en la intimidad con Dios. Y la intimidad con Dios no se logrará sin pasar tiempo con Dios, y sin el estudio de las Santas Escrituras y en la oración.

Resumiendo lo que hemos aprendido hasta ahora, podemos decir que la meta del cristiano es llegar a ser un discípulo de Cristo. Para lograr ese resultado tiene que depender de los dos recursos que están a su disposición: los recursos divinos y los recursos humanos.

Los recursos divinos son los recursos que el cristiano no tiene ningún control sobre ellos como por ejemplo la soberanía, el poder y las promesas de Dios. Dios actúa sobre lo que quiere y cuando quiere. El cristiano tiene los recursos humanos. En esos recursos todo el control está en las manos del cristiano. Ejemplos de esos recursos son la iglesia, el compañerismo con los hermanos, la asistencia al culto de adoración, la participación como obrero en un ministerio de la iglesia y la práctica del tiempo devocional diario.

Capítulo 4

Diagnóstico de las necesidades

El cristiano tiene necesidades físicas, emocionales y espirituales. Trataremos acerca de las necesidades o del estado espiritual en que se encuentra un cristiano que le está impidiendo llegar a ser un verdadero discípulo de Cristo.

En el mundo espiritual, el cristiano pasa por tres grandes etapas:

- La etapa del hombre natural.
- La etapa de cristiano carnal.
- La etapa del cristiano espiritual.

El HOMBRE NATURAL

Pablo dice: «*Pero el hombre natural no percibe las cosas que son del Espíritu de Dios, porque para él son locura, y no las puede entender, porque se han de discernir espiritualmente*» (1 Corintios 2:14).

- **Definición del hombre natural**

El hombre natural es el que, teniendo conocimiento de Dios, no tiene una relación personal e íntima con Dios.

El punto de referencia del hombre natural es su intelecto. Su percepción natural del mundo que lo rodea solo está de acuerdo con sus cinco sentidos naturales. Cree en lo que ve, toca, huele, gusta y oye. Por lo tanto, su base de conocimiento espiritual está condicionada a lo que percibe la naturaleza humana. Le resulta muy difícil, por no decir imposible, entender las cosas de Dios. ¿Cómo relacionarse con un Dios a quien no se le puede ver, ni tocar, ni oír? Para el hombre natural la idea de la existencia de Dios es una locura sin ningún fundamento racional. No comprende que para relacionarse con Dios se debe utilizar la fe y el discernimiento espiritual. El hombre natural está perdido, sin vida espiritual, y sin la presencia de Dios en su vida.

- **Necesidades del hombre natural**

El hombre natural necesita aceptar que es pecador, creer en Cristo como el único Salvador, estar dispuesto a renunciar al pecado y recibir a Cristo en su corazón. Dice en Romanos 10:13-14: «*Porque todo aquel que invocare el nombre del Señor, será salvo. ¿Cómo, pues, invocarán a aquel en el cual no han creído? ¿Y cómo creerán en aquel de quien no han oído? ¿Y cómo oirán sin haber quien les predique?*»

El hombre necesita que alguien le predique, le presente el plan de salvación, para que pueda creer en Cristo como su Salvador personal.

El CRISTIANO CARNAL

En la carta que Pablo le escribió a la iglesia de Corinto nos hace ver la posibilidad de ser un cristiano carnal. «*De manera que yo, hermanos, no pude hablaros como a espirituales, sino como a carnales, como a niños en Cristo*» (1 Corintios 3:1). En dicho pasaje, el apóstol se está dirigiendo a los lectores como «hermano», un término que Pablo emplea casi exclusivamente para referirse a otros cristianos, y luego prosigue a describirlos como «carnales».

Por lo tanto, podemos concluir que los cristianos pueden ser carnales.

La carnalidad en el cristiano debe ser algo temporal, porque un verdadero cristiano no querrá permanecer en ese estado toda la vida. Los cristianos que están en esa etapa sentirán la disciplina amorosa de Dios. Dice la Biblia en Hebreos 12:5-11:

«Y habéis ya olvidado la exhortación que como a hijos se os dirige, diciendo: Hijo mío, no menosprecies **la disciplina del Señor**, *ni desmayes cuando eres reprendido por él; porque el Señor* **al que ama, disciplina**, *y azota a todo el que recibe por hijo. Si soportáis la disciplina, Dios os trata como a hijos; porque ¿qué hijo es aquel a quien el padre no disciplina? Pero si se os deja sin disciplina, de la cual todos han sido participantes, entonces sois bastardos, y no hijos. Por otra parte, tuvimos a nuestros padres terrenales que nos disciplinaban, y los venerábamos. ¿Por qué no obedeceremos mucho mejor al Padre de los espíritus, y viviremos? Y aquéllos, ciertamente por pocos días nos disciplinaban como a ellos les parecía, pero éste para lo que nos es provechoso, para que participemos de su santidad. Es verdad que ninguna disciplina al presente parece ser causa de gozo, sino de tristeza; pero después da fruto apacible de justicia a los que en ella han sido ejercitados.»*

El propósito de la disciplina divina es para que el cristiano carnal pueda ser restaurado a una estrecha comunión con Él, y en obediencia crecer hacia una semejanza a la imagen de Cristo (Romanos 12:1-2).

* **Definición de un cristiano carnal**

Dios quiere que sus hijos sean santos, apartados solo para Él. La santificación es el proceso en que la vida espiritual crece y la carnal decrece. Aunque el cristiano tiene que reconocer que mientras esté en este mundo, y en este cuerpo, habrá momentos de desobediencia y pecado; pero esos momentos no deben ser la constante, sino etapas esporádicas en la vida.

Un cristiano carnal es aquel que piensa y actúa fuera de la comunión de Cristo. El mismo Cristo lo dijo: *"separados de mí, nada podéis hacer" (Juan 15:5)*

• **Características de un cristiano carnal.**

El cristiano carnal muestra las siguientes características:

(1) El cristiano carnal no experimenta la vida abundante y próspera que Cristo prometió.

(2) Cree en sus propios esfuerzos para vivir una vida espiritual.

(3) Le cuesta trabajo conocer la voluntad personal de Dios para él o para ella.

(4) Vive en un estilo de yoyo espiritual: con altas y bajas; en bajas casi siempre.

(5) Falla en la manifestación y dirección del Espíritu Santo para la dirección de su vida.

(6) Conoce la Biblia, pero no la obedece.

Los cristianos carnales son personas que continuamente contristan al Espíritu Santo con su carácter, su susceptibilidad, su irritabilidad, su falta de oración o su amor a sí mismas. Esas son señales de carnalidad, de una condición de «niños en Cristo». Esas personas viven una vida que refleja los valores del mundo más que los de Cristo.

• **La necesidad del cristiano carnal**

El cristiano carnal necesita como el hijo pródigo regresar arrepentido a Dios. A un corazón contrito y humillado, Dios jamás va a despreciar ni rechazar.

El cristiano carnal necesita pasar tiempo con Dios en su tiempo devocional. En la intimidad con Dios, el cristiano carnal recibirá la fuerza para hacer los cambios necesarios.

El cristiano carnal necesita pasar tiempo con los hermanos en adoración y oración colectiva. Una señal de la carnalidad es el poco deseo de reunirse con los cristianos.

EL CRISTIANO ESPIRITUAL

Las características dominantes del hombre espiritual son: 1) Un gran deseo de agradar a Cristo, 2) Muestra el fruto del Espíritu como evidencia de su andar con Cristo y 3) Busca la dirección del Espíritu.

- **Los deseos de Cristo.**

El cristiano carnal pone su enfoque en la experiencia de su conversión, pero el cristiano espiritual es consumido por Cristo mismo. El hombre espiritual ha sido transformado y piensa como Cristo piensa. Actúa y reacciona de una forma agradable al Señor. Todo lo que hace es con la motivación de honrar a Cristo.

Cuando el Espíritu Santo controla al cristiano produce el fruto en su vida. «*Mas el fruto del espíritu es amor, gozo, paz, paciencia, benignidad, bondad, fe, mansedumbre, y templanza*» (Gálatas 5:22). El fruto del Espíritu es el resultado del control del Espíritu.

- **La dirección del Espíritu.**

«*Porque todos los que son guiados por el Espíritu de Dios, estos son hijos de Dios*» (Romanos 8:14). El hombre espiritual es dirigido por el Espíritu. El aprender a seguir al Espíritu es un proceso de obediencia. Mientras aprendemos a seguir a Jesús, aprendemos también a sentir la dirección del Espíritu. Jesús dijo: «**Mis ovejas oyen mi voz, y yo las conozco, y me siguen**» (Juan 10:27). Para seguir a Jesus necesitamos escuchar la voz de Dios en nuestro interior. Y no podemos escuchar si no aprendemos a conocer la voz de Dios en la intimidad de nuestro tiempo devocional.

- **La necesidad del hombre espiritual.**

El cristiano espiritual no puede descuidarse en su tiempo devocional diario. En ese tiempo es en el que reside su fortaleza espiritual. Un descuido suele ser peligroso. Los cristianos en esa etapa son blancos de los ataques de Satanás.

La vigilancia y la humildad tienen que ir de la mano. El descuido y la jactancia o engreimiento suelen ser mortales. Recuerde que la caída de los santos es más alarmante y notable que la de los cristianos carnales.

Capítulo 5

Las estrategias para llegar a ser un discípulo de Cristo

Ahora que ya sabemos las tres etapas del hombre y sus necesidades generales en cada una de esas etapas, podemos preparar las estrategias en el proceso de discipulado.

ESTRATEGIAS PARA NACER DE NUEVO

Lo primero que tiene que hacer una persona, si quiere ser como Cristo, es nacer de nuevo. Ahora bien, el nuevo nacimiento no es algo que la persona puede hacer por sí misma. El nuevo nacimiento es obra del Espíritu Santo.

En cierta ocasión le preguntaron a Pablo: ¿Qué es necesario hacer para ser salvo? A lo que Pablo respondió: *«Cree en el Señor Jesucristo y serás salvo tú y tu casa»* (Hechos 16:30,31).

Jesús le dijo a Nicodemo que necesitaba nacer de nuevo (Juan 3). Nicodemo era un líder religioso, pero ignoraba el significado del nuevo nacimiento. *«De cierto, de cierto te digo, que el que no naciere de agua y del Espíritu, no puede entrar en el reino de Dios»* (Juan 3:5).

Por medio del nuevo nacimiento el creyente llega a ser una nueva criatura y a experimentar una transformación por el Espíritu

Santo. Mediante ese proceso se le imparte al corazón del creyente la vida eterna de Dios que lo convierte en hijo de Dios y en una nueva criatura.

En Juan 1:11-13 leemos: «*A lo suyo vino, y los suyos no le recibieron. Mas a todos los que le recibieron, a los que creen en su nombre, les dio potestad de ser hechos hijos de Dios; los cuales no son engendrados de sangre, ni de voluntad de carne, ni de voluntad de varón, sino de Dios.*"»

Se deduce de ese pasaje que todo aquel que cree en el nombre del Señor Jesucristo es alguien que ha «nacido de nuevo». Todos aquellos que ponen su confianza en Cristo han recibido una nueva vida, han nacido de nuevo.

«*De cierto, de cierto os digo: El que oye mi palabra, y cree al que me envió, tiene vida eterna; y no vendrá a condenación, mas ha pasado de muerte a vida". "De cierto, de cierto os digo: El que cree en mí, tiene vida eterna". Pero éstas se han escrito para que creáis que Jesús es el Cristo, el Hijo de Dios, y para que creyendo, tengáis vida en su nombre*» (Juan 5:24; 6:47 y 20:31).

Esos pasajes prueban que la única manera en que podemos tener esta nueva vida, vida eterna, es recibiendo el testimonio respecto de Cristo. Todos aquellos que creen ese testimonio tienen esa nueva vida, vida eterna. Notemos que no se trata de quienes dicen creer, sino de aquellos que realmente creen, según el sentido del término en los pasajes anteriores. "Hay poder vivificante en el Cristo que revela la Palabra de Dios, y en la Palabra que revela a Cristo."

BÚSQUEDA DE LA INTIMIDAD CON DIOS MEDIANTE EL TIEMPO DEVOCIONAL

Una vez que la persona experimenta el nuevo nacimiento, lo más importante para esa persona es aprender a pasar tiempo con Dios. A ese tiempo diario dedicado a orar y a leer la Biblia se le llama tiempo devocional. Es personal y diario, y tiene como propósito pasar tiempo con Dios.

El tiempo devocional es la estrategia más eficaz para llegar a ser un discípulo porque es un tiempo de adoración a Dios.

Hay una característica de la adoración que tiene que ver con la intimidad con Dios. No se puede adorar sin intimidad, porque la adoración es la conexión entre el corazón de Dios y el corazón del hombre. ¿Y no es eso precisamente la definición de intimidad? Dos corazones se conectan de tal forma que ya no solo hay conocimiento intelectual, sino también emocional, sentimental y espiritual.

«Tributad al Señor la gloria debida a su nombre; adorad al Señor en la hermosura de la santidad» (Salmo 29:2).

La motivación para el tiempo devocional no es «orar para que Dios ayude en algún problema».

A medida que se pasa tiempo con Dios se recibe la luz para ver la condición espiritual y luz para ver el camino que se debe tomar para llegar a la meta.

Se conoce la mente de Dios al pasar tiempo con Él.

«Señor, muéstrame tus caminos, y enséñame tus sendas» (Salmo 25:4).

«Fíjate en el sendero de tus pies, y todos tus caminos serán establecidos» (Proverbios 4:26).

«Encomienda a Jehová tu camino, y confía en él; y él hará» (Salmo 37:5).

Cuando pasamos tiempo con Dios, recibimos los beneficios de su presencia. *«Deléitate asimismo en Jehová, y él te concederá las peticiones de tu corazón»* (Salmo 37:4).

El objetivo de su tiempo diario con Dios no es estudiar acerca de Cristo, sino pasar tiempo con Él para conocerlo mejor. Y así, de esa forma crecer a su imagen.

«Pues su divino poder nos ha concedido todo cuanto concierne a la vida y la piedad. Por medio de las cuáles nos ha concedido sus

preciosas y maravillosas promesas, a fin de que por ellas lleguéis a ser partícipes de la naturaleza divina» (2 Pedro 1:3-4).

Nuestra mayor prueba de que amamos a Dios es tener una profunda devoción por Jesucristo, y un gran deseo de parecernos a Él. Jesucristo es nuestro modelo a seguir.

Jesús apartaba un tiempo especial en el día para hablar con su Padre celestial. Ese tiempo para Cristo fue siempre una prioridad.

CÓMO EMPEZAR UN TIEMPO DEVOCIONAL

1. Escoja un tiempo específico.
2. Escoja un lugar específico.

   Jesús acostumbraba ir al Monte de los Olivos a orar, *«Y saliendo, se encaminó, como de costumbre, hacia el Monte de los Olivos"»* (Lucas 22:39).

3. Reúna los recursos que necesita: la Biblia, una grabación de música cristiana, lápiz y papel.

4. Comience con las actitudes correctas.

   a. Reverencia: Reconocer que estás ante la presencia del Rey y Señor de tu vida

      «Estad quietos y conoced que yo soy Dios» (Salmo 46:1).

   b. Expectativa:

      «Abre mis ojos para que vea las maravillas de tu ley» (Salmo 119:18).

   c. Obediencia = (Sí, por adelantado)

      Dígale que «sí» al Señor.

      «Si alguno quiere hacer la voluntad de Dios, conocerá si la doctrina es de Dios» (Juan 7: 17)

EJEMPLO
MI TIEMPO DEVOCIONAL
"QUINCE MINUTOS CON DIOS"

Comience con 15 minutos diarios. Su meta será ir incrementando el tiempo a medida que va creciendo su relación de amor con Dios.

1. Relájese

   ¡Esté quieto y tranquilo! Prepare su corazón. Respire profundo y espere en el Señor.

   Ore algo así como: *Señor, aquí estoy listo para tener una cita de amor contigo.*

2. Lea (el pasaje bíblico)

3. Reflexione (medite).

4. Escriba.

   Escriba una aplicación personal que sea práctica y posible.

5. Petición.

   Concluya su devocional hablándole a Él acerca de lo que le ha mostrado a usted y también haciendo peticiones de su lista de oración.

LA ESTRATEGIA DE SERVIR EN UN MINISTERIO

Al principio, ya dejamos claro que una característica del verdadero discípulo es servir a Dios y al prójimo con sus dones y talentos. Por lo tanto, el servicio no solo es una característica del cristiano sino también una buena estrategia para crecer como Cristo. El servir en un ministerio consolida la vida cristiana, e integra al cristiano a la vida de la iglesia.

PARA INVERTIR EN LOS DEMÁS NECESITAMOS:

- Compromiso:

El entendimiento de que hay que invertir en los demás, que la mayor inversión en el mundo son las relaciones humanas; y llevar ese concepto a la práctica. Es un compromiso al sacrificio y a estar dispuesto a dar testimonio.

- Comprensión:

Aceptar a los demás con sus limitantes, necesidades individuales, derechos, características especiales, diferencias de personalidad, con sus fortalezas y debilidades.

Debemos ser tolerantes con los demás. Ese es uno de los puntos más difíciles de llevar a cabo, ya que normalmente, aunque la queramos para nosotros, nos cuesta mucho darle libertad a que la otra persona falle. Cada persona tiene derecho a cometer errores.

La postura más generosa y beneficiosa para la relación es apoyar a la otra persona de un modo constructivo en su desarrollo individual.

- Cortesía:

Reconocer los derechos ajenos, tratar a los demás con respeto y dignidad. Uno de los problemas de hacer algo por lástima es que hace sentir muy incómoda a la persona que recibe el servicio.

- Cooperación:

No somos una isla, ni podemos vivir aislados de los demás. Debemos entender que nos necesitamos mutuamente, que juntos podemos lograr más que separados.

- Comunicación:
La comunicación es esencial para llevar a cabo cualquier obra en beneficio del prójimo.

SEIS ELEMENTOS DEL SERVICIO CRISTIANO

- Experiencia
- Habilidades y talentos naturales
- Dones espirituales
- Oportunidades de trabajo
- Sentimientos: Corazón
- Personalidad

Experiencia

Las experiencias de la vida son los mejores maestros que se pueden tener. A través de ellas se aprenden valiosas lecciones, que pueden aplicarse en el transcurso de la vida.

Las experiencias vividas, buenas y malas son valiosas para servir al prójimo. Por lo tanto, no se puede calificar algunas experiencias como malas, si al final se pueden convertir en valiosas etapas de crecimiento y aprendizaje.

Habilidades y talentos naturales

Toda persona posee habilidades y talentos. Se puede descubrir al responder a la pregunta: ¿Para qué soy bueno?

Un talento es un don que Dios le da al hombre natural. Los talentos ayudan al hombre a descubrir y a servir a su propósito en la vida y, por lo tanto, a la humanidad.

Los talentos no se pueden conseguir con esfuerzos humanos, porque son dados como regalo; pero sí pueden mejorarse o perfeccionarse.

Ejemplos de talentos naturales:
1. Todo tipo de arte: manualidades, pinturas, dibujos, canto.

2. Escribir, desarrollar temas a través de la escritura.
3. La elocuencia al hablar. A eso se le llama carisma.
4. La habilidad de jugar algún deporte.

Cuando alguien lo ha felicitado por algo que hizo con naturalidad, sin mucho esfuerzo, ese puede ser uno de sus talentos. Debe recordarlo, anotarlo, y reconocerlo.

Dones espirituales

a. Definición:

Los dones espirituales son las habilidades dadas por Dios a cada cristiano para servir en la iglesia.

b. Importancia de los dones espirituales

❖ Ayuda a determinar su ministerio en la iglesia.

❖ Capacita para crecer y dar fruto en el cuerpo de Cristo.

❖ Ayuda a encontrar la esfera de responsabilidad ante Dios. Dios no nos hace responsable de lo que no nos da; pero sí de lo que nos da.

❖ Ayuda a realizar la misión y visión de la iglesia con menos fricción y con más eficiencia.

❖ Dios es glorificado.

c. Descubriendo sus dones espirituales.

Mediante un cuestionario podrá tener una mejor idea de cuál o cuáles puedan ser sus dones espirituales. El propósito del cuestionario no es hacerlo sentir culpable.

Oportunidades de trabajo.

❖ Evangelismo: Evangelizar, visitar, exponer el plan de salvación, atender a los visitantes durante los cultos.

Departamento Misionero

❖ Cuidado pastoral: Niños, Jóvenes, Adultos, Solteros, familia, matrimonios

- ❖ Adoración: Música, ujieres, Dirección de culto, oración, Audio
- ❖ Educación: Maestro de Escuela Dominical, Discipulado, Secretarias (os)
- ❖ Administración: Finanzas, Administración, mantenimiento, Recursos Humanos

Sentimientos, la pasión del corazón.

Cada ser humano tiene una pasión, que es un sentimiento profundo en el corazón que lo impulsa a actuar.

Según Aubrey Malphur, hay cuatro cosas que ponen de evidencia cuál es nuestra pasión:

- ❖ Necesidad: Una necesidad capta la atención y presiona el corazón a actuar.
- ❖ Objeto: Una persona, una causa, un tema, una situación, o condición particular.
- ❖ Emoción: ¿Qué nos hace llorar? ¿Qué nos hace reír? Un «deseo» que nos quema el corazón.

Un sentimiento permanente: Un deseo que siempre permanece con nosotros.

La personalidad.

Se han descubierto cuatro tipos de personalidades principales y de acuerdo con esas personalidades uno se proyecta en el trabajo y en las relaciones personales. Las cuatro personalidades fundamentales son:

'D': Dominante, Directo, Decisivo, Exigente.

'I': Inspiración, influencia,

'S': Sumiso, estable, sensible.

'C': Competente, cuidadoso, correcto, crítico

Por último, sugiero dos cosas acerca de la personalidad:

1. No debemos responder a las personas de acuerdo con nuestra personalidad, sino de acuerdo con la personalidad de ellas.

2. La meta del cristiano no es perder su personalidad, sino vivir en la quinta personalidad: la personalidad controlada por el Espíritu Santo. Una lección importante para los cristianos es no dejar que la personalidad los controle. Deben dejar que Dios controle su personalidad. Usted podrá ser una 'D' o una 'I' controlado por el Espíritu Santo.

LA ESTRATEGIA PARA REPRODUCIRSE ESPIRITUALMENTE: TA.C.T.O

Ya dejamos establecido, que un discípulo de Cristo es obediente en su tiempo devocional, en el servicio a Dios y en compartir con Cristo con los no creyentes.

No podemos ser un discípulo de Cristo, sin querer compartirlo con los demás. El evangelismo no solo es un mandato, también es una necesidad para el cristiano.

El compartir a Cristo con los inconverso, siempre va a incluir cinco pasos:

Ta: Toque Amistoso. Haciendo amistad con personas inconversas. Eso es un toque amistoso. Los actos de bondad crea amigos desinteresados.

C: Cristo-céntrico. El estilo de vida tiene que testificar que el cristiano es *una persona diferente*. El testimonio de la vida es la base para el testimonio de los labios.

T: Testimonio. Dando el testimonio verbal. Hay que conocer el Plan de Salvación y saber cómo darlo. Nuestros amigos se merecen que le hablemos de Cristo de forma clara, concisa y breve.

O: Oración. Orando por los amigos inconversos para que sean receptivos al mensaje.

Capítulo 6

Evaluación:
¿Soy yo un discípulo?

¿Se ha preguntado alguna vez si es un discípulo de Cristo y si está reflejando en su vida las características de un verdadero seguidor de Cristo?

El siguiente sistema de evaluación le ayudará a determinar dónde se encuentra en su vida cristiana. Aunque la mayoría de los temas que se mencionan son actos observables. No es un examen perfecto. Es solo una guía. Pida a Dios que le ayude a ver dónde se encuentra ahora, y donde quiere Él que usted esté.

Lea cada afirmación y marque en la columna que se acerque más a su evaluación.

Esta forma de evaluación es tan eficaz como usted sea capaz de ser sincero. Sea sincero consigo mismo. No se trata de impresionar a nadie. Dios sabe su condición espiritual mejor que usted.

- **BENEFICIOS.**

La evaluación es una herramienta para mejorar. Nos va a ayudar a elaborar planes de mejoría; brinda información al cristiano acerca de dónde está en el progreso de su vida espiritual; ayuda a minimizar esfuerzos y gastos innecesarios. El hacer las preguntas importantes ayuda a mantener el enfoque en lo que realmente se quiere lograr.

Es alentador después de una evaluación personal notar un progreso, aunque sea muy leve.

- **SISTEMA EFICAZ DE EVALUACIÓN**
Para que pueda evaluarse el proceso hacia la meta de llegar a ser un verdadero discípulo debe tener las siguientes características.
1. Sinceridad.

A nadie más que a uno mismo se engaña y se hace daño al tratar de ignorar o de negar, o de justificar, el pobre avance en el progreso de la vida cristiana. El estudiante que comete fraude en los exámenes se hace más daño a sí mismo que a los profesores.

2. Constancia.

Es importante hacerse las mismas preguntas a cada rato. ¿Estoy siendo obediente en mi tiempo devocional, en el servicio y en la reproducción.?

3. Verificación de resultados.

Esas características de un discípulo son verificables por otras personas. Medir el crecimiento de forma subjetiva se arriesga a un grado de precisión muy alto. Es muy incierto solo considerar la propia opinión, es bueno permitir a amigos verdaderos que nos den su evaluación de nuestro opiniones personales.

Las personas van a empezar a notar un cambio en usted; y aunque, no va a basar su vida espiritual en la opinión de los demás, siempre es bueno utilizar lo que otros dicen como una guía. A veces, los que más nos ayudan en este respecto, son nuestros «menos amigos». Utiliza sus críticas como «el papel de lija», para pulir tu carácter. No deseches ninguna opinión, bueno o mala, utilízala a su favor.

4. Periodicidad.

Largos periodos de evaluación no son eficaces. Un tiempo apropiado es:

- Una vez al año. A largo plazo es una vez al año, cuyo propósito es hacer las resoluciones del nuevo año. Es una magnífica ocasión para analizar el progreso del año anterior, redefinir objetivos y planes de actuación para el nuevo año.
- Cada seis meses. Evaluar el nivel y la calidad del servicio que le prestas al prójimo. Examinar la utilización de los dones y talentos en la vida de la congregación. La pregunta clave aquí es: ¿estoy invirtiendo en la vida de los demás?
- Cada día. Cada día la evaluación sobre el tiempo devocional y la reproducción: ¿Le he hablado de Cristo hoy a alguien?. ¿estoy llevando a cabo mi tiempo devocional?. Una buena meta sería: No voy a dejar que pase el día sin hablar a alguien de Cristo.

Una balanza o pesa, es un instrumento magnifico para medir si la dieta y los ejercicios que hacemos están dando los resultados deseados La balanza es un aliada del que quiere perder peso. Por el hecho de subirse y pesarse, no pierdes peso; pero, te ayuda a evaluar si necesitas hacer algunos ajustes en tu proceso de comer menos o hacer ejercicios.

El instrumento que aquí les presento, es solo una idea; bien podría ser nuestra balanza o pesa espiritual. Recuerde, es solo un instrumento. Usted lo ajusta o lo mejora adaptándolo a su personalidad y necesidad.

Trate de ser lo más objetivo posible. Al evaluarse circule el número, del 1 al 7, siendo el 1 el valor mínimo de su comportamiento.

OBEDIENCIA A TRAVÉS DE MI
TIEMPO DEVOCIONAL

- Obediencia al Espíritu Santo   1 2 3 4 5 6 7
  Está usted experimentando el fruto del Espíritu Santo, los dones espirituales. No está entristeciendo al Espíritu Santo con pecado (Efesios 4:30), ni está apagando al Espíritu (1 Tesalonicenses 5:19).
- Tiempo devocional   1 2 3 4 5 6 7
  Lee la Biblia y ora diariamente. Para usted es una prioridad el tiempo devocional.
- Adoración   1 2 3 4 5 6 7
  Usted tiene un tiempo de adoración individual y colectivo.
- Pureza, santidad   1 2 3 4 5 6 7
  Busca agradar a Dios en todo. Desea mantenerse limpio
- Señorío de Cristo   1 2 3 4 5 6 7
  Usted trata de que Cristo sea el Señor de su vida. Usted es una persona que busca reflejar el carácter de Cristo en su vida.
- Mayordomía   1 2 3 4 5 6 7
  Cree en la mayordomía y la práctica. Su tiempo, dinero, habilidades, dones y talentos pertenecen a Dios.
- Intimidad con Dios   1 2 3 4 5 6 7
  Busca la intimidad con Dios en cada momento del día. Entiende que a Dios se le conoce realmente pasando tiempo con Él.

TOTAL:
El Promedio (tome el total y divídalo por 7 =)
Su nivel de obediencia a tener el tiempo devocional es:
1   2   3   4   5   6   7

OBEDIENCIA A TRAVÉS DEL SERVICIO

- Servicio   1   2   3   4   5   6   7

Está participando en un ministerio. Entiende que Dios capacita a cada cristiano y lo llama a servir en una esfera específica.

- Dones espirituales   1   2   3   4   5   6   7

Usted ha identificado sus dones espirituales y trata de usarlos de una manera que edifique a la iglesia. Cree que sus dones espirituales son:

- Responsabilidad   1   2   3   4   5   6   7

Cuando se compromete a hacer algo lo cumple fielmente, aunque tenga que sufrir. Soporta con paciencia las cosas difíciles de la vida.

- Gozo   1   2   3   4   5   6   7

Usted está sirviendo en un ministerio con gozo. No hace las cosas por obligación; ni con raíces de amarguras .

- Dominio propio   1   2   3   4   5   6   7

Tiene control sobre su carácter y temperamento; sabe dominar su ira y sus tendencias naturales de responder a las injusticias.

- Entusiasmo, optimismo   1   2   3   4   5   6   7

Demuestra una actitud positiva en medio de los problemas. Su fe y confianza en el Señor le permiten sacar el mejor partido de las circunstancias difíciles. Imparte entusiasmo a los demás obreros.

- Acción   1   2   3   4   5   6   7

Por lo menos una vez al mes realiza algún acto de compasión a favor de personas menos afortunadas que usted.

TOTAL:

El promedio (tome el total y divídalo por 7 =
Su nivel de servicio es

1   2   3   4   5   6   7

OBEDIENCIA A TRAVÉS DE LA REPRODUCCIÓN / MULTIPLICACIÓN

- Habla de Cristo a otros   1   2 · 3   4   5   6   7
Establece amistad sincera con el inconverso, con la idea de que este conozca a Cristo.
- Ejemplo   1   2   3   4   5   6   7
Vive lo que predica. Sirve de influencia positiva.
- Oración   1 · 2   3   4   5   6   7
Tiene un plan para orar por los inconversos.
- Está formando discípulos   1   2   3   4   5   6   7
Está invirtiendo en la formación espiritual de otras personas.
- Delegar   1   2   3   4   5   6   7
Confía en la potencialidad de los demás y asigna responsabilidades de acuerdo con las habilidades de su "hijo espiritual".
- Trabajo en equipo   1   2   3   4   5   6   7
Trata de trabajar en equipo; y ayuda a su hijo espiritual a crecer en un ambiente sano.
- Usa el Modelo: CRISTO   1   2   3   4   5   6   7
Busca siempre formas de multiplicarse.
C.... Capacitación clara
R.... Reunión periódica
I.... Influencia positiva
S.... Sostenimiento espiritual
T.... Trabajo delegado
O... Oración constante

TOTAL:
El promedio (tome el total y divídalo por 7=)
Su nivel de reproducción/multiplicación es
1   2   3   4   5   6   7

Capítulo 7

Celebración

Cada vez que se logra un paso hacia la dirección deseada es muy importante dedicar un tiempo para celebrar. Aun cuando la celebración consista en cosas simples, esto es mejor que nada. Recordar que ha tenido que superar crisis, obstáculos y momentos de duda, y se ha superado, es un tiempo de alegría. Si se ha llegado a ese punto en el crecimiento espiritual es porque Dios ha estado presente, y también el cristiano ha hecho su parte.

¿Cómo celebrar los logros?

1. Teniendo un día personal de «Acción de gracias».

No se tiene que esperar a un mes específico para celebrar el «Día de acción de gracias». Cualquier día y momento es bueno para dar gracias. Celebre *el Día de acción de Gracias* en cualquier mes que no sea Noviembre.

Por ejemplo, el día que se convierte un amigo por quien se estaba orando, es una bueno oportunidad de hacer una «pequeña o sencilla fiesta»

La mejor forma de recordar el camino recorrido es siendo agradecido. El agradecimiento mira al pasado de manera positiva, no con amargura ni tristeza.

2. Construcción de monumentos de victorias.

Construya un monumento de victoria. En el libro de Josué capítulo 4, está la historia del pueblo judío cuando pasó por el río Jordán.

«Cuando toda la gente hubo acabado de pasar el Jordán, Jehová hablo a Josué, diciendo: Tomad del pueblo doce hombres, uno de cada tribu, y mandadles, diciendo: Tomad de aquí de en medio del Jordán, del lugar donde están firmes los pies de los sacerdotes, doce piedras, las cuales pasaréis con vosotros, y levantadlas en el lugar donde habéis de pasar la noche. Entonces Josué llamó a los doce hombres a los cuales él había designado de entre los hijos de Israel, uno de cada tribu. Y les dijo Josué: Pasad delante del arca de Jehová vuestro Dios a la mitad del Jordán, y cada uno de vosotros tome una piedra sobre su hombro, conforme al número de las tribus de los hijos de Israel, para que esto sea señal entre vosotros; y cuando vuestros hijos preguntaren a sus padres mañana, diciendo: ¿Qué significan estas piedras? les responderéis: Que las aguas del Jordán fueron divididas delante del arca del pacto de Jehová; cuando ella pasó el Jordán, las aguas del Jordán se dividieron; y estas piedras servirán de monumento conmemorativo a los hijos de Israel para siempre.» (Josué 4:1-7).

Cada vez que alguien del pueblo pasaba por ese lugar y veía las piedras, recordaba que Dios había sido fiel en el pasado, y seguiría siendo fiel con el pueblo.

Los monumentos son huellas de la historia en los que se unen el poder de Dios con el valor y la perseverancia del hombre.

3. Hay que establecer fechas importantes que recuerden momentos claves en la vida espiritual.

El pueblo judío tenía y tiene muchas fiestas durante el año. Esas festividades se refieren a la conmemoración de uno o más días observados por el pueblo judío, tanto para fiestas religiosas como laicas para el recuerdo de un acontecimiento importante en la historia judía.

Así como celebra el día de su cumpleaños puede celebrar el día en que usted nació de nuevo. Ese llega a ser su cumpleaños espiritual

Hay que celebrar los logros a nivel personal. Unos logros requieren actividades más elaboradas que otras para celebrar. Lo importante es que las etapas de crecimiento que marcan un triunfo sobre la carne o sea, su naturaleza humana, los celebre con gozo, gratitud y grandes expectativas para el futuro. Esos momentos servirán de testimonio para aquellos que están cerca de usted. Usted será una influencia positiva al predicar con el ejemplo sobre el poder activo de Dios en su vida espiritual. Un discípulo genuino de Jesucristo es un alma poderosa en manos de Dios. La mejor propaganda de un producto de la farmacia no es la etiqueta del pomo, sino las vidas transformadas. La efectividad de la medicina está en los enfermos sanados; no en los anuncios en la televisión.

Celebrar los logros no solo reafirma el deseo de seguir en la dirección correcta, también nos da fuerzas porque nos gozamos en el poder y fidelidad de Dios. Podemos decir 'Eben-ezer", hasta aquí nos ayudó Jehová.

Segunda Parte

El llamado de Dios para la iglesia

LA IGLESIA: *EL HACER*

EL RESULTADO FINAL: HACER DISCIPULOS

LOS DOS RECURSOS DE LA IGLESIA
- El Recurso Divino: Dios
- El Recurso Humano: Los Cristianos

DIAGNOSTICO DE LAS NECESIDADES
¿Qué nos falta, como iglesia, para hacer discípulos?

LAS ESTRATEGIAS
- Definir necesidades y metas
- Identificar las estrategias
- Crear las estrategias
- Puesta en práctica de las estrategias:
- Calendario, personal y presupuesto

EVALUACIÓN
¿Estamos, como iglesia, haciendo discípulos?

CELEBRACIÓN
- Pequeñas victorias
- Grandes logros

El llamado de Dios para la Iglesia

IGLESIA

NECESIDADES

ESTRATEGIAS
Valores
Misión
Visión

RECURSO DIVINO
Dios

Persona de Dios
Soberanía de Dios
Poder de Dios
Llenura del Espíritu

RECURSO HUMANO
Los Cristianos

Creatividad
Finanzas
Liderazgo comprometido
Obreros capacitados
Discípulos reproducciendose
Trabajo en Equipo
Administración de los recursos

EVALUACION

CELEBRACION

RESULTADO FINAL
"Hacer Discípulos de Cristo"

CAPÍTULO 8

La iglesia

La iglesia es la «congregación de creyentes». La iglesia representa los llamados por Dios a pertenecer a Su cuerpo.

No es la voluntad de Dios que los creyentes estén separados cada uno por su lado, porque de esa manera se perdería su presencia eficiente en la comunidad como luz , «que alumbra en la oscuridad».

La iglesia no es un club de creyentes. Es el cuerpo de Jesucristo en la tierra; compuesto por personas agradecidas a Dios y dispuestas a hacer su voluntad; personas a las que el Señor les ha revelado a Cristo en su corazón.

En el pasaje de Mateo 16:13-18 leemos la declaración de Jesús a Pedro: *"sobre ésta roca edificaré mi iglesia."* Con esa declaración Jesús dejó bien establecidas dos cosas: era su iglesia, y que nadie más que Él la iba a edificar. Por lo tanto, si es de Él, y Él tiene interés en edificarla, la iglesia es muy importante.

Luego le dijo a Pedro: «*Bienaventurado eres, Simón, hijo de Jonás, porque no te lo reveló carne ni sangre, sino mi Padre que está en los cielos.*» Esa es la roca sobre la cual está construida la iglesia de Jesucristo: la revelación que hace Dios en nuestros corazones de que Jesucristo es el único Salvador del mundo.

La iglesia es la reunión de todos aquellos a quienes el Señor les ha revelado que Jesucristo es el camino, la verdad y la vida. La persona que recibe esa revelación y se somete en obediencia a Dios llega a ser parte de la iglesia.

• **Los ministerios en la iglesia.**

El Señor en su infinita sabiduría nos ha provisto de toda la ayuda que necesitamos, a través de la iglesia, de modo que como creyentes debemos respaldar esa institución fundada por Jesucristo.

Sin la iglesia, nunca podremos llegar a ser genuinos seguidores de Cristo.

1 Corintios 12:4-9: «*Ahora bien, hay diversidad de dones, pero el Espíritu es el mismo. Y hay diversidad de ministerios, pero el Señor es el mismo. Y hay diversidad de operaciones, pero Dios, que hace todas las cosas en todos, es el mismo. Pero a cada uno le es dada la manifestación del Espíritu para provecho. Porque a éste es dada por el Espíritu palabra de sabiduría; a otro, palabra de ciencia según el mismo Espíritu; a otro, fe por el mismo Espíritu; y a otro, dones de sanidades por el mismo Espíritu.*»

• **Los creyentes forman el cuerpo de Cristo.**

La iglesia es la agencia de Dios en la tierra

Dios cuenta con la iglesia para hacer su obra en la tierra, ya que son sus pies, sus manos y su boca. ¿De qué otra manera avanzaría el evangelio en el mundo si no fuera por la iglesia?

Dicen las Escrituras que a los ángeles no les es dado el predicar este evangelio, sino que corresponde a los creyentes el ser colaboradores de Dios en la salvación del mundo. El cuerpo de Cristo debe estar unido para poder funcionar a cabalidad, ya que todos nos necesitamos pues todos los miembros de un cuerpo son importantes. Como dicen las Escrituras, la boca no puede decirles a los pies «no los necesito».

1 Corintios 12:12-13: «*Porque así como el cuerpo es uno, y tiene muchos miembros, pero todos los miembros del cuerpo, siendo muchos, son un solo cuerpo, así también Cristo. Porque por un solo Espíritu fuimos todos bautizados en un cuerpo, sean judíos o griegos, sean esclavos o libres; y a todos se nos dio a beber de un mismo Espíritu.*»

- **Es necesario pertenecer a una iglesia.**

Es indispensable que el creyente pertenezca a una iglesia. La iglesia no está libre de errores porque está compuesta por personas imperfectas, que vienen enfermas no solo física, sino moral y espiritualmente. Es como el hospital de Dios. En un hospital se espera que haya enfermos que después de un tiempo se sanen. No es un hospital saludable si las personas que llegan enfermas nunca se sanan. Así como un hospital tiene médicos, enfermeras y personal preparado para sanar a los enfermos en un proceso de sanidad, la iglesia debe contar con cristianos sanos y capacitados para sanar –junto con Dios– a los enfermos. Por lo tanto, es necesario el compañerismo y el amor de todos para que Dios cure las heridas que se traen del pasado.

- **La iglesia es una comunidad que sana**

«*Mantengamos firme la esperanza que profesamos, porque fiel es el que hizo la promesa. Preocupémonos los unos por los otros, a fin de estimularnos al amor y a las buenas obras. No dejemos de congregarnos, como acostumbran hacerlo algunos, sino animémonos unos a otros, y con mayor razón ahora que vemos que aquél día se acerca*» (Hebreos 10:23-25. Nueva Versión Internacional).

- **No hay razones para alejarse de la iglesia**

La asistencia a la iglesia es de suma importancia. No hay razón válida para dejar de ir a la iglesia.

Algunas personas pudieran presentar algunas de las siguientes excusas para no ir a la iglesia:

1. Se puede adorar a Dios en cualquier parte. No hay por qué ir a un templo. Se puede adorar a Dios incluso en la casa o pescando en una lancha.

2. Se puede ver el culto en la televisión. Eso es suficiente.
3. Ir a la iglesia no traerá ningún beneficio. El predicador es aburrido y la música no es buena.
4. Lo único que quieren es recoger dinero.
5. La mayoría de los que van a la iglesia son unos hipócritas.
6. Ir a la iglesia es para perdedores; perdedores como Jesús. Ir mucho a la iglesia lo echó a perder. Él fue a la iglesia, y la gente de allí lo mató.

La lista pudiera ser mucho más larga. Tristemente, no hacemos el mismo analices para jugar nuestro deporte favorito y pertenecer a un equipo deportivo. Es más, estoy seguro, que cualquiera de las escusas anteriores, se pueden aplicar a nuestro trabajo, pero no por eso, dejamos de ir.

¿Qué piensa usted si las mismas excusas que se presentan para no asistir a la iglesia se presentaran para un acto tan insignificante como lavarse las manos antes de comer?

1. Me obligaron cuando era niño.
2. Los fabricantes de jabón sólo quieren hacerse ricos.
3. Me lavo las manos en ocasiones especiales como Navidad y Semana Santa.
4. Las personas que se lavan las manos son hipócritas, porque piensan que son más limpios que los demás.
5. Hay tantos tipos de jabón, que no puedo decidir por ninguno.
6. Antes me lavaba las manos, pero era tan aburrido, que ahora no lo hago.
7. Ninguno de mis amigos se lavan las manos.
8. El baño nunca está suficiente caliente en el invierno, y es demasiado caluroso en verano.
9. Me voy a empezar a lavar las manos cuando tenga más años, y cuando esté más sucio y lo necesite más.
10. No puedo encontrar el tiempo para eso.

En cierta ocasión le preguntaron a una ancianita, ciega, sorda y casi inválida, por qué asistía cada domingo a la iglesia si no veía ni oía el sermón. Ella contestó: «¡Porque quiero que todos sepan dónde está mi devoción!»

Un hombre escribió una carta al director del periódico de su ciudad, y comentaba el poco sentido que había tenido para él asistir a la iglesia cada domingo. En su carta decía: «He ido durante treinta años, y desde entonces he escuchado algo así como tres mil sermones. Pero no puedo recordar ni uno de ellos. Pienso entonces que he malgastado mi tiempo, y los pastores el suyo, dando sermones en balde.»

Aquella carta desató una polémica en aquel periódico. Así continuó durante semanas, hasta que alguien escribió unas breves líneas que terminaron con todas las controversias, decia: «Llevo casado treinta años. Desde entonces he disfrutado de unas treinta y dos mil comidas. Pero no puedo recordar el menú de ninguno de esos días. Sin embargo, no por eso debe deducirse que hayan sido en balde. Me alimentaron y me dieron la fuerza para vivir, y si no hubiera tomado aquellas comidas, hoy estaría muerto.»

No hay excusa válida para dejar de congregarse con los demás cristianos.

La iglesia de hoy cumple con su propósito:

1. La iglesia es un lugar de refrigerio para los sedientos.

Isaías 44:3: *«Porque yo derramaré aguas sobre el sequedal, y ríos sobre la tierra árida; mi Espíritu derramaré sobre tu generación, y mi bendición sobre tus renuevos.»*

2. La iglesia es un lugar de liberación para los atormentados y cautivos.

Isaías 61:1/Lucas 5:6. *«El Espíritu del Señor está sobre mí, por cuanto me ha ungido para pregonar libertad a los cautivos.»*

Juan 8:32, 36: *«Y conoceréis la verdad, y la verdad os hará libres, así que, si el Hijo os libertare, seréis verdaderamente libres.»*

3. La iglesia es un lugar para sanidad.

Marcos 16:18. *«Y estas señales seguirán a los que creen: sobre los enfermos pondrán sus manos, y sanarán.»*

Santiago 5:14-16. *«¿Está alguno enfermo entre vosotros? Llame a los ancianos de la iglesia, y oren por él, ungiéndole con aceite en el nombre del Señor.»*

4. La iglesia es un lugar de adiestramiento y discipulado

Efesios 4:11-16. *«Y él mismo constituyó a unos, apóstoles, a otros, profetas; a otros, evangelistas; a otros, pastores y maestros, a fin de perfeccionar a los santos para la obra del ministerio, para la edificación del cuerpo de Cristo.»*

5. Un lugar de compasión y cuidado por los enfermos y heridos.

La iglesia es una representación moderna del samaritano protagonista en la parábola del Buen Samaritano. Lucas 10:25-37.

6. La iglesia es un lugar donde se encuentra a Cristo.

Mateo 18:20. *«Porque donde están dos o tres congregados en mi nombre, allí estoy yo en medio de ellos.»*

Cuando estamos reunidos en el nombre del Señor, suceden cosas sobrenaturales, pues Él es quien obra.

Hechos 2: 1 *«Cuando llegó el día de Pentecostés estaban todos unánimes juntos.»*

El estar juntos, el reunirse, caracterizó a los primeros creyentes. Se reunían para hablar de la fe, estudiar las Escrituras y orar. Todos en torno a un principio fundamental: seguir a Jesucristo. No se congregaban para tener disputas teológicas ni ventilar cuál era más importante en el grupo. Procuraban caminar conforme a las enseñanzas del Maestro.

El reunirse permite edificarse mutuamente, estimularse en el andar con Cristo, expresar los principios prácticos de la vida cristiana, y además influir en otras personas. Así lo hacían los primeros cristianos. «Todos los creyentes estaban juntos y tenían todo en común: No dejaban de reunirse en el templo ni un solo día. De casa en casa partían el pan con generosidad, alabando a Dios y disfrutando de la estimación general del pueblo. Y cada día el Señor añadía al grupo los que iban siendo salvos" (Hechos 2:44, 46. Nueva Versión Internacional).

En el Nuevo Testamento se expresa la preocupación que causaba la decisión de algunos creyentes de no reunirse: «*Mantengamos firme la esperanza que profesamos, porque fiel es el que hizo la promesa. Preocupémonos los unos por los otros, a fin de estimularnos al amor y a las buenas obras. No dejemos de congregarnos, como acostumbran hacerlo algunos, sino animémonos unos a otros, y con mayor razón ahora que vemos que aquél día se acerca*» (Hebreos 10:23-25, Nueva Versión Internacional).

A esa recomendación se suma la pauta que impartió el apóstol Pablo a los creyentes de Corinto: «*Les suplico, hermanos, en el nombre de nuestro Señor Jesucristo, que todos vivan en armonía y que no haya divisiones entre ustedes, sino que se mantengan unidos en un mismo pensar y en un mismo propósito*» (1 Corintios 1:10. Nueva Versión Internacional).

DOS GRANDES PRINCIPIOS

Hay dos grandes principios que siempre van a afectar la vida de la iglesia de forma favorable una vez que se entiendan y se apliquen.

- ### El primero es el principio de la ventana

Siempre que se desea que entre aire en el automóvil por una ventana, hay que abrir otra ventana. El aire debe circular; por un lado entrar, y por el otro salir.

Las bendiciones de Dios son así. La razón principal por la que la iglesia existe, es para ser de bendición a otras personas.

Dios nos ha dejado en este mundo para bendecir. La mayor expresión de adoración a Dios es cuando se da testimonio de las bendiciones a otras personas.

¿Se quiere que entre mucho aire en el auto? Se abren dos ventanas: una para que entre el aire, y otra para que salga el aire. Dios ha dado dos manos, una para recibir y otra para dar. La iglesia que desea recibir bendición debe ser de bendición.

El apóstol Pablo dice en 1 Corintios 1:4: *«Que nos consuela en todas nuestras tribulaciones, para que podamos también nosotros consolar a los que están en cualquier tribulación.»*

Hay otras personas que necesitan de nuestro servicio, de nuestros recursos económicos. Parte de nuestra razón de ser es la existencia de esas personas.

Siempre hay alguien peor que uno, y con quien se pueden compartir los bienes materiales.

Ese principio lo podemos ver expresado en la poesía del poeta español Calderón de la Barca.

"Cuentan de un sabio que un día
tan pobre y mísero estaba,
que sólo se sustentaba
de unas hierbas que cogía.
¿Habrá otro, entre sí decía,
más pobre y triste que yo?;
y cuando el rostro volvió
halló la respuesta, viendo que otro sabio iba cogiendo
las hierbas que él arrojó,"

Pedro Calderón de la Barca

Dios bendice para que seamos de bendición a las personas que están en peores condiciones.

La Biblia nos manda a ser ricos para con Dios, a hacer tesoros en el cielo, a dar de gracia lo que de gracia hemos recibido. Todo eso tiene que ver con abrir la segunda ventana en la vida.

Si le gusta que entre el aire por una ventana del automóvil, debe abrir la ventana de atrás para que el aire pueda circular. Este principio afecta tanto el mundo físico como el espiritual. Hay congregaciones tan centradas en sí mismas, que se olvidan en ministrar a la comunidad donde se encuentran. El modo de pensar en algunos casos es que, «cómo vamos a salir a resolver las necesidades de los de afuera si tenemos tantas necesidades internamente».

Otras veces pensamos que primero tenemos que arreglar los problemas internos antes de pensar en ayudar a los de afuera. Se piensa: «vamos a arreglar los problemas primeros dentro de casa, para después pensar en evangelizar a la comunidad». Esto tiene sentido en el mundo natural. En el mundo espiritual es al revés. «Los pescadores cuando no pescan pelean.» La iglesia se ocupa de las necesidades de la comunidad, y Dios se ocupa de las necesidades internas de la iglesia. Una iglesia preocupada en ser de bendición a otras pequeñas iglesias, recibe mayor bendición.

- **El segundo principio es el principio de las cestas**

Este principio dice, que antes de pedir a Dios que le envié las naranjas debe tener las cestas. El número de la bendición depende de la cantidad de cestas. No es culpa de Dios. Las cestas de usted determinan el crecimiento.

En 2 Reyes 4:1-7 está la historia de la viuda, Eliseo y el aceite. En la historia encontramos la colaboración entre Dios y el hombre en la multiplicación del aceite. La viuda y sus hijos tuvieron que:

1. Ir a los vecinos y pedir prestadas las vasijas.
2. Organizar las vasijas de tal forma que no se desparramara el aceite.
3. Examinar que todas las vasijas estuvieran completas.
4. Reparar las vasijas defectuosa. Vasijas con hueco no retienen el aceite. La forma y el tamaño de la vasija no

eran importantes. Lo importante era que pudieran usarse para retener el aceite.

5. Salir afuera para vender el aceite (negociar el precio, caminar largas horas, sudar). Los "flojos" no tienen cabida en el Reino de Dios. Dios llama a personas ocupadas. Las bendiciones de Dios requieren un alto grado de trabajo, disciplina, y sacrificio.

6. Los milagros ocurren en la intimidad con Dios, no en público. La intimidad con Dios es lo más importante para el cristiano. Dice la Biblia que la viuda cerró la puerta.

Lecciones de la historia de la viuda y el profeta Eliseo:

1. El número de las vasijas determina el tamaño de la bendición. El límite de la bendición está en el número de las vasijas.

2. Las vasijas vinieron primero, después vino el aceite. La obediencia viene antes que el milagro. Si queremos aceite, debemos comenzar a hacer las vasijas primero y pronto.

3. Ella tenía los recursos en casa. La viuda pensó que no tenía nada en casa; pero tenía un poco de aceite.

4. Es necesario formar el equipo. La viuda formó un equipo de trabajo: Ella y sus dos hijos.

5. Dios multiplica el aceite partiendo de la obediencia, del trabajo duro y del número de vasijas

De la historia de la viuda y el aceite, la iglesia de Jesucristo debe aprender que no podemos esperar que Dios haga el milagro «solo»; tenemos una responsabilidad grande en el plan de Dios.

Si quiere que Dios le dé naranjas, debe buscar las cestas primero.

No puede esperar que Dios haga algo que Él espera que usted haga.

Podemos detener la bendición porque dejamos a Dios todo el trabajo, y nosotros no tomamos responsabilidad en el crecimiento y desarrollo de la iglesia. Si la iglesia no está haciendo discípulos y no esta creciendo, puede ser que nosotros no estamos haciendo nuestra parte.

CAPÍTULO 9

El resultado final

Dios manda a cada creyente en específico, y a la iglesia en general, a hacer discípulos. El resultado final de la iglesia es un discípulo.

¿Cuál es la meta de la iglesia?

La Gran Comisión es "*id y haced discípulos*". Nuestra meta es que la persona llegue ser un seguidor comprometido de Cristo, un discípulo.

Por lo tanto, todo lo que se invierte en la iglesia en recursos humanos, recursos económicos y tiempo tienen el mismo objetivo: Formar seguidores comprometidos de Cristo, es decir, discípulos.

La iglesia es una fábrica de hacer discípulos.

¿Qué es un discípulo?

Ya hemos definido al discípulo como una persona que es obediente a Dios. Y esa obediencia se va manifestar en practicar el tiempo devocional diario, servir en un ministerio y hablar de Cristo. Una persona que no es obediente en estas tres áreas de su vida, no puede llamarse discípulo de Cristo. Se podrá llamar creyente, o simpatizante del evangelio, pero no discípulo.

Déjame repetirlo otra vez mas; un seguidor comprometido de Cristo:

* Es alguien que busca una íntima relación con Dios a través de la Biblia, la oración y la adoración.
* Es alguien que trata de servir al prójimo con sus dones y talentos.
* Es alguien que utiliza el compañerismo para transmitir el evangelio a los perdidos.

Dios desea que la iglesia haga discípulos.

«*Por tanto, id, y haced discípulos a todas las naciones, bautizándolos en el nombre del Padre, y del Hijo, y del Espíritu Santo; enseñándoles que guarden todas las cosas que os he mandado; y he aquí yo estoy con vosotros todos los días, hasta el fin del mundo. Amén*» (Mateo 28:19,20).

Todo lo que se hace en la iglesia, desde lo más humano a lo más espiritual, debe apuntar hacia la misma dirección: *que cada persona llegue a reflejar a Cristo en su vida.*

Ingredientes básicos

Si la iglesia quiere hacer discípulos tiene que utilizar los ingredientes básicos en la formación de discípulos:

* Capacitar al discípulo para que hable de Cristo y le explique la Palabra de Dios al inconverso.
* Crear tiempo de compañerismo con otros cristianos comprometidos con Cristo a través de los grupos abiertos.
* Formar espiritualmente al cristiano a través del estudio de la Biblia en grupos pequeños abiertos y cerrados.
* Crear momentos de adoración a Dios colectiva e individualmente.

- Integrar a los nuevos creyentes a servir en un ministerio.
- Atraer al inconverso al reino de Dios y al compañerismo de los cristianos.

Los objetivos principales de la iglesia

La iglesia que quiere hacer discípulos debe asegurarse de que sus líderes y obreros sean discípulos. Es necesario recordar que solamente los discípulos se reproducen en discípulos. Si hablamos de hacer discípulos es porque ya el liderazgo de la iglesia refleja las tres características del discípulo. De lo contrario, son mínimas las probabilidades de que lleguen a cumplirse.

Objetivo principal: **Hacer discípulos**.

La iglesia existe para adorar a Dios siendo obediente a la Gran Comisión.

El hacer discípulos no es una actividad ni un programa; es un proceso que comienza cuando un inconverso tiene contacto con un cristiano, y termina cuando esa persona llega al cielo o Cristo vuelve a la tierra. En otras palabras, es un proceso que nunca termina.

Aquí están los pasos:

- **ATRAER:**

Objetivo: Lograr que en el trato diario un cristiano tenga amistad con un inconverso y de esa forma lo pueda atraer al Reino de Dios. Un seguidor comprometido con Cristo tiene amistad con un inconverso. En este paso, Atrae al inconverso al Reino.

- **INTEGRAR:**

Objetivo: Integrar al inconverso al Reino y el cristiano a la iglesia.

Lograr que cada cristiano presente el plan de salvación a sus amigos, y así ellos tienen la oportunidad de aceptar a Cristo.

Tan pronto la persona acepta a Cristo se integra a la clase de la escuela dominical, el cristianismo básico. Una vez terminada esa clase, se bautiza y pasa a la clase de membresía e integran al congregado a la iglesia.

El maestro de la clase de membresía debe conectar al alumno a un ministerio lo antes posible.

- **FORMAR:**

Objetivo: Formar espiritualmente al creyente.

El «alimento» del creyente para su formación espiritual está compuesto de cinco ingredientes:

1. Alguien que le hable de Cristo (evangelismo)
2. Estudiar la Biblia: enseñanza bíblica.
3. Adorar a Dios individual y colectivamente. El tiempo devocional: la Biblia y la oración.
4. El compañerismo con otros cristianos.
5. El servir a otros: integración en los ministerios de la iglesia.

- **CAPACITAR Y ADIESTRAR:**

Objetivo: Capacitar y adiestrar a cada cristiano

(1) Para que sirva en un ministerio con eficiencia

(2) Para que se reproduzca. El cristiano debe adiestrarse para hablar de Cristo de forma eficiente

En esta etapa de la formación espiritual, es cuando el discípulo deja de solo recibir para dar; de aprender para enseñar.

- **MULTIPLICACIÓN:**

Objetivo: Llevar al discípulo a reproducirse en otro discípulo, y al líder a formar otro líder.

Aquí pasamos de ser maestros de alumnos a ser maestros de maestros. Delegamos responsabilidades en otros. Tomamos la posición de mentor o entrenador.

CAPÍTULO 10

Los dos recursos de la iglesia

La iglesia tiene dos grandes recursos para lograr su resultado final. Estos recursos son: el recurso divino y el recurso humano en la vida de los cristianos que componen la iglesia. Ya hemos visto lo que Dios espera del cristiano y los recursos que están disponibles para que pueda llegar a ser un discípulo. Dios sigue siendo el factor común, tanto para el cristiano que quiere ser un discípulo como si la iglesia como institución quiere hacer discípulos. La diferencia está en el recurso humano. Para que el cristiano llegue a ser un discípulo necesita de la iglesia, y de los demás cristianos. Por otro lado, la iglesia necesita de sus miembros, de los discípulos, para hacer discípulos.

EL RECURSO DIVINO

El recurso divino ya lo estudiamos en el capítulo 3; pero debemos recordarlo rápidamente. Estos recursos son:

1. El poder de Dios
2. La soberanía de Dios

Dios es soberano y se revela al hombre en su momento; no podemos planear su manifestación, pero si podemos estar alerta para responder en obediencia.

3. El tiempo de Dios

4. El Espíritu Santo

Dice la Biblia, que no es con espada ni con ejércitos, sino con su santo Espíritu.

❖ El Espíritu Santo obra en la vida del creyente para que pueda llegar a ser un seguidor comprometido de Cristo.

❖ Él da vida a nuestro cuerpo físico.

«Y si el Espíritu de aquel que levantó de los muertos a Jesús mora en vosotros, el que levantó de los muertos a Cristo Jesús vivificará también vuestros cuerpos mortales por su Espíritu que mora en vosotros» (Romanos 8:11).

Cuando el Espíritu mora en nosotros, imparte vida, fuerza, salud y vigor a nuestro cuerpo. El vivir en el Espíritu es un ejercicio que fomenta la salud. Eso aumentará nuestra fuerza física y nuestra longevidad de vida.

❖ Él nos da poder para el servicio.

«Pero recibiréis poder, cuando haya venido sobre vosotros el Espíritu Santo, y me seréis testigos» (Hechos 1:8).

Jesús empleó el término griego "dunamis" (traducido como «poder»), del cual derivamos la palabra «dinamo», máquina que genera energía constante.

Así que el poder del Espíritu dentro de nosotros genera poder o energía que nos capacita para ser testigos (mártires) para Cristo.

No sólo estamos capacitados para llevar el testimonio de Jesucristo, sino que también somos testigos suyos.

❖ Él reviste de poder nuestras oraciones.

"Orando en el Espíritu Santo" (Judas 20).

"Orando en todo tiempo con toda oración y súplica en el Espíritu" (Efesios 6:18).

«Y de igual manera el Espíritu nos ayuda en nuestra debilidad; pues qué hemos de pedir como conviene, no lo sabemos, pero el Espíritu mismo intercede por nosotros con gemidos indecibles. Mas

el que escudriña los corazones sabe cuál es la intención del Espíritu, porque conforme a la voluntad de Dios intercede por los santos» (Romanos 8:26, 27).

❖ Él inspira la alabanza y la adoración a Dios.

❖ Él produce el fruto del Espíritu en la vida del creyente. (Gálatas 5:22, 23).

El fruto del Espíritu no puede ser producido por el hombre natural, sin importar cuán refinado o educado pueda ser. El carácter de Dios es visto en nosotros únicamente cuando Dios por medio del Espíritu Santo vive en nosotros los que creemos.

No hay nada más importante para el cristiano que pasar tiempo a solas con Dios. Ahí es donde conocemos realmente quien es Él; y recibimos sus grandes promesas que aumentan nuestra fe y fortalecen nuestra vida para poder llegar a ser un seguidor comprometido con Jesucristo.

Solo pasando tiempo con Dios diariamente conocemos su:

✓ Su persona
✓ Su presencia
✓ Su poder
✓ Sus promesas

EL RECURSO HUMANO

Así como cuenta con los recursos divinos, la iglesia también cuenta con los recursos humanos. Dios trabaja en colaboración con el hombre para realizar su obra.

Los recursos humanos representan aquellos recursos donde el hombre tiene cierto control y que afectan el crecimiento y el desarrollo de la iglesia.

En Lucas capítulo 5 está la historia de la pesca milagrosa. ¿Qué habría pasado si cuando Dios proveyó los peces, ellos no hubieran tenido las redes limpias y listas? Seguro que Dios no hubiera enviado los peces, o no hubieran podido pescar. ¿Por qué? Sencillamente porque no le prestaron atención a los asuntos de los que ellos sí tenían control. Por ejemplo, que los remos estuvieran en buenas condiciones, las redes limpias y remendadas, organización en tirar y recoger la red. Cualquier error en estas áreas, el hombre es completamente responsable.

Dios es grande y soberano. Todo lo puede. Pero en su divina manifestación espera que el hombre colabore con Él. No puede esperarse que Dios haga algo si es responsabilidad del hombre hacerlo.

Los líderes y obreros de la iglesia tienen control sobre ciertas cosas como: la limpieza de las instalaciones, la administración prudente de los recursos, la atención amable al visitante.

Otros de los recursos del aspecto humano tiene que ver con:
- ✓ Creatividad de sus líderes y obreros.
- ✓ Conocimiento y habilidades de sus miembros.
- ✓ Canales de comunicación eficaces.
- ✓ Tener los procesos claros.
- ✓ Planificación estratégica.
- ✓ Reconocimiento alentador.
- ✓ El uso de la tecnología.
- ✓ El uso de la propiedad.

Todos esos asuntos de carácter humano no garantizan el crecimiento de la iglesia, pero si se pasan por alto pueden impedir que la iglesia produzca discípulos. Cuánto daño le hacemos a la obra de Dios, cuando ignoramos estos asuntos humanos.

Dios quiere que Su iglesia crezca; El ofrece todos sus recursos para que el crecimiento se haga realidad. Sin embargo, nosotros detenemos ese crecimiento, numérico y espiritual, porque descuidamos el aspecto humano.

No podemos conformarnos al pensamiento que *la iglesia no crece porque Dios así lo desea*. Inconscientemente, le echamos a Dios la culpa sin detenernos a analizar cuantos aspectos humanos pueden detener el crecimiento de la iglesia. Por ejemplo, pensemos en los siguientes aspectos que nada tienen que ver con Dios, y mucho tiene que ver con el hombre; y son importantes.

1. La limpieza de los cuartos y clases dominicales.
2. El embellecimiento de las áreas verdes y arreglos del parqueo.
3. La organización y desempeño de los eventos y programas.
4. Amabilidad y atención al visitante.
5. Preparación y organización de los cultos.
6. Limpieza de los baños.

Aunque cueste trabajo creer que estos aspectos son importantes e influyen en el crecimiento de la iglesia, la realidad nos demuestra que debemos darte atención.

Capítulo 11

Diagnóstico de las necesidades

Todo plan estratégico comienza evaluando las necesidades; necesidades de la iglesia y de la comunidad alrededor de la iglesia. El diagnóstico de las necesidades trata de descubrir y responder a las preguntas: ¿Dónde estoy? y ¿Dónde estamos como iglesia? ¿Dónde está nuestra gente y cuál es su necesidad? ¿Dónde necesita estar nuestra gente? ¿Dónde vamos? ¿Cuál es nuestra meta como iglesia? Si se sabe con exactitud a dónde se va, y cuál es la meta, entonces es más fácil determinar las necesidades. La distancia entre la situación real y la situación deseada debe ser el enfoque o el motivo para hacer un estudio de las necesidades.

Definición de Plan Estratégico

Plan estratégico es la forma en que se planifican, organizan y orientan los recursos humanos y materiales para cumplir con los objetivos y metas trazados en dependencia de la misión y visión de la iglesia.

Todo plan estratégico comienza con dos análisis; uno interno de la iglesia y otro externo de la comunidad. Luego, es necesario hacer un análisis de los valores reales de la iglesia y descubrir la misión y la visión de la iglesia.

Análisis interno de la iglesia

Un análisis interno de la iglesia trata de responder a las siguientes preguntas:

¿Qué clase de iglesia somos? ¿Qué clase de iglesia queremos ser? No toda iglesia es igual; y no todas las iglesias, aunque tengan el mismo mensaje, no tienen los mismos métodos ni las mismas razones de existencia en lo particular. Cada iglesia existe en su comunidad por razones específicas basadas en necesidades especificas. En otras palabras, cada iglesia tiene un propósito general de existencia, que es Compartir el mensaje de Dios al inconverso. Sin embargo, Dios permite la existencia de una iglesia en una comunidad particular para suplir necesidades específicas de dicha comunidad.

La cultura de la iglesia ha sido moldeada por diferentes fuerzas divinas y humanas:

- La formación de la iglesia. ¿Cómo se fundó? ¿La razón por la que se formó el grupo en sus comienzos?
- El pastor o el líder espiritual, en sus comienzos, también influyó en la cultura de la iglesia.
- Las crisis internas y problemas que moldearon la vida de la iglesia.
- La importancia y el significado del nombre.

Análisis externo del medio ambiente/comunidad.

El análisis externo de la comunidad alrededor de la iglesia lleva a responder a la siguiente pregunta:

- ¿Qué pasa en la comunidad, en el estado, en el país, en el mundo?
- Estudia los aspectos más importantes de la comunidad:

Social: estilo de vida, ciudades y suburbios, movilidad, raza, crimenes, familias, madres solteras, drogadicción

Tecnología: computadoras, energía, telecomunicaciones,
Economía: Inflación, deudas, tratados comerciales, impuestos,
ahorros
Política: Derechos civiles, legislación, temas de Iglesia-estado,
elecciones
Religión: Sectas, nuevas doctrinas, necesidades espirituales
de los inconversos

DIAGNÓSTICO PARA DESCUBRIR LAS NECESIDADES DE LA IGLESIA

¿Por qué queremos conocer las necesidades de la iglesia?
Por lo general queremos hacer un estudio de las necesidades
de la iglesia por dos razones fundamentales:

1. Identificar las causas que están deteniendo el crecimiento
   de la iglesia. Hay una separación entre donde está la iglesia
   (situación actual) y donde debiera estar (situación óptima).
   Por esa razón es importante determinar con exactitud
   adónde se quiere llegar y cuáles son los resultados deseados.
2. Poner en práctica algunas innovaciones que aumenten el
   rendimiento y la eficiencia del trabajo de los ministerios.
   Aquí se puede aplicar el concepto de que, *los principios son
   eternos, pero los métodos cambian.*

Pasos para determinar las necesidades de la iglesia

1. Recolectar información histórica de la iglesia (los últimos 5 o
   6 años)
2. Seleccionar los métodos para recolectar información.
   Preguntas (cuestionario)
   Entrevistas a líderes claves y a miembros.
   Observación (cultos y programas).
   Reunión en pequeños grupos afines.

3. Identificar: fortaleza, debilidad, amenaza y oportunidad
4. Determinar con exactitud qué puede estar deteniendo el crecimiento de la iglesia. Estas comprenden dos aspectos: El aspecto espiritual y el aspecto humano. Las causas de aspecto espiritual se solucionan llevando al cristiano a pasar tiempo de calidad con Dios a través del tiempo devocional. Las causas de aspecto humano son las complejas, y las que toman más tiempo para resolver.

Por lo general, las causas que pueden detener el crecimiento de la iglesia son variadas, y múltiples.
* Falta de motivación.
* Falta de habilidad o conocimiento.
* Falta de adiestramiento y capacitación.
* Falta de incentivos o incentivos inapropiados.
* Pobres condiciones de trabajo (equipos, relaciones personales, organización).
* Falta de compromiso y espiritualidad.

Algunas soluciones posibles son:
* Revisar misión, visión y valores de la iglesia.
* Revisar procesos y procedimientos.
* Rediseñar ministerios y funciones.
* Mejorar las condiciones de trabajo.
* Mejorar el proceso para seleccionar los obreros.
* Revisar mensajes, adiestramientos, calendario, presupuesto.
* Revisar la estructura organizacional.
* Adiestrar y capacitar .

LAS GRANDES PREGUNTAS DE DIAGNÓSTICO PARA LOS LÍDERES DE LA IGLESIA

Presento algunas preguntas que les puede hacer pensar para comenzar a preparar un plan estratégico. Quizás a usted se le ocurra otras; está bien. Lo importante es comenzar una serie de preguntas que pueden producir incomodidad, pero con honestidad, nos llevaran al cambio que necesitamos.

Algunas de esas preguntas son:

- ¿Dónde están espiritualmente los creyentes, y miembros de la iglesia?
- ¿Quiénes necesitan salvación?
- ¿Quiénes necesitan consagración y santidad?
- ¿Quiénes necesitan rendición para responder al llamado a servir?
- ¿Quiénes necesitan practicar el tiempo devocional porque no lo está haciendo?
- ¿A dónde queremos ir como iglesia en los aspectos espiritual y humano?
- ¿Cómo vamos a lograr que los creyentes lleguen a donde tienen que llegar?

Como ya hemos indicado, todo plan estratégico tiene que responder a esas preguntas. Con la sincera motivación y actitud ayudarán a preparar «las estrategias necesarias para lograr la formación de discípulos».

CAPÍTULO 12

Las estrategias

La iglesia que no planifica, planifica fracasar.
Dios es un Dios de planes, objetivos y metas claras.

Una vez que la iglesia descubre sus necesidades, está lista para hacer su plan estratégico. Pero cuidado, los planes de la iglesia no deben salir de las necesidades, sino de la mente de Dios.

El descubrir las necesidades es para asegurarnos, que estamos entendiendo con claridad los planes de Dios para la iglesia. Se sobreentiende que, si Dios tiene su iglesia en una comunidad específica, es porque quiere a través de esa iglesia satisfacer las necesidades de dicha comunidad. La iglesia es la agencia de Dios.

Desconectar la iglesia de la comunidad es como si se quitara la luz a un faro en el mar. La existencia del faro está ligada directamente a su propósito. Entonces la iglesia existe para dar luz a la comunidad donde se encuentra.

Si una iglesia se encuentra en una comunidad específica, con características específicas, y esa comunidad cambia por alguna razón en particular; entonces la iglesia debe estar dispuesta a cambiar sus métodos o estrategias para ministrar a esa comunidad.

Un plan estratégico tiene los siguientes pasos:

1. DEFINICIÓN DE ESTRATEGIAS

Para definir las estrategias, primero hay que definir los valores practicados, la misión y la visión de la congregación. Cada congregación es única.

a.   Identificamos los valores practicados:

Hay que determinar cuáles son los valores deseados, y cuáles son los valores reales de la congregación.

Los valores deseados son los que se dicen tener pero que no se practican. Los valores que no se practican, pueden ser muy buenos, pero no cambian a nadie.

Los valores practicados son los que realmente vivimos.

Los valores que realmente afectan la toma de decisión, la inversión de los recursos, la proyección de los planes de trabajo, y en general la vida de la iglesia, son los valores que se practican. Los valores deseados, pero no practicados tienen poco poder.

Por ejemplo, la pregunta a hacerse no es: ¿Cree usted que es importante leer la Biblia? La pregunta correcta es: ¿Con qué frecuencia lee usted la Biblia? Si la persona lee la Biblia diariamente, entonces la Biblia es importante para esa persona.

Otro ejemplo: La iglesia cree que orar es importante (un valor deseado); Sin embargo, la asistencia a las vigilias, a los cultos de oración, o el número de miembros teniendo el tiempo devocional es mínimo; entonces el valor practicado de esa iglesia, es que *la oración no es importante.*

Los valores practicados son los que transforman el carácter y afectan el mover de la mano de Dios.

b. Descubrir la misión

Después que se define los valores reales de la congregación, hay que definir la misión y visión de la misma. La misión y visión de la iglesia no se crea, sino que se descubre. Eso quiere decir que viene de Dios, no del "proceso intelectual" del hombre o de los hombres reunidos en un cuarto de conferencias.

Los pasos para descubrir la misión y visión.

Descubrir la misión y la visión es un proceso que comienza con Dios.

La misión y la visión se descubren, no se crean y comienza tratando de responder estas preguntas:

*   ¿Qué está Dios tratando de comunicar a la iglesia?
*   ¿Qué quiere Él para su iglesia?

Lo importante no es desear lograr algo para que Dios lo bendiga, sino saber lo que Dios quiere lograr por medio de nosotros.

Segundo, la iglesia debe pensar en la necesidad de la comunidad donde está la iglesia.

La iglesia está puesta por Dios para satisfacer la necesidad de la comunidad, de la ciudad, de la provincia donde está.

*   ¿Cuál es la necesidad de la comunidad?

Pensar en la iglesia como un «equipo», y las metas como las "metas del equipo", define los resultados esperados. Para que esto sea "eficiente" debemos primeramente haber definido cuál es el propósito o la misión de la iglesia.

*   ¿Cuál es la meta global de la iglesia?

c. Descubrir la visión

¿Qué es la visión de la iglesia?

(1) Definición de visión

Es una oración o párrafo que expresa el destino deseado por la iglesia dentro de cierto período de tiempo.

Describe el futuro: ¿Adónde nos dirigimos y a dónde nos queremos dirigir?. Inicialmente es un sueño que con el plan, el personal, el compromiso y la ejecución correcta dará frutos.

(2) Beneficios de tener una visión clara

• Crea compromiso y entendimiento.

Las personas no se pueden comprometer a algo que no conocen con claridad. Pero cuando la persona entiende lo que se quiere lograr, puede decidir integrarse o no.

• Permite que el equipo se enfoque en el futuro.

La visión es una declaración del futuro perfecto pero posible de la iglesia. Siempre va a describir el estado futuro de la iglesia si se dieran todas las condiciones favorables.

• Permite que otros que lo lean entiendan cómo el liderazgo de la organización ve el futuro.

Una visión clara comunica la filosofía del ministerio de los líderes.

La visión debe desearse lo suficiente como para que motive y entusiasme e inspire a quienes la escucha, y la reciban y así puedan tomar una decisión.

Una visión que afecte el compromiso de la congregación, debe ser una visión que valga la pena morir por hacerla realidad.

• La visión es necesaria para darnos un sentido de dirección y enfocar las prioridades de todos.

«Cada cabeza es un mundo.» La visión es la que unifica cada pensamiento, como el rayo láser hace que las moléculas y los átomos converjan en un solo punto. Ahí es precisamente donde está la fuerza del láser.

Una vez que se descubren las necesidades de la iglesia y de la comunidad donde está la iglesia, se elabora la misión y la visión de la iglesia y se elabora el plan estratégico contemplando los cinco propósitos, enfocándose en siete grupos de personas, y lleva a esas personas por cinco procesos.

2. CINCO PROPÓSITOS, SIETE PERSONAS Y CINCO PROCESOS

a. PROPÓSITOS EN EL PLAN ESTRATÉGICO

Cinco propósitos para los cuales Dios creó al cristiano, y por lo tanto son los cinco propósitos por lo cual la iglesia existe:

(1) Evangelizar:

Evangelizar hasta lo último de la tierra. Difundir las buenas nuevas de Cristo presentando el plan de salvación en los hogares, los lugares públicos, la iglesia y dentro y fuera del país.

(2) Educar:

Educar a los congregados, ensañándoles los principios bíblicos para ayudarles a enfrentar de forma práctica los retos espirituales y sociales de la vida diaria.

(3) Compartir:

Celebrando en forma casual y divertida los acontecimientos más importantes como iglesia y familia espiritual. El compañerismo testifica que no solo se ama a Dios, sino también se ama al prójimo. Se testifica que los cristianos disfrutan sanamente del amor de Cristo mediante las relaciones humanas.

(4) Adorar:

Celebrando y exaltando la grandeza de Dios en todos nuestros cultos regulares, especiales, mediante la oración, la música, el canto, el teatro, el drama y otras artes. También concentrándonos en influir en cada congregado para que adopte la adoración como su estilo de vida.

(5) Servir (Ministerio):

Dando un paso de fe y obediencia poniendo, sin limitaciones, todos nuestros dones y talentos al servicio de Dios, para ministrar las necesidades de la iglesia, sus congregados, la comunidad y el mundo.

b. LAS PERSONAS EN EL PLAN ESTRATÉGICO: SIETE CAMPOS DE ACCIÓN

El plan estratégico se enfoca en las personas dentro y fuera de la iglesia. Ellas representan los siete campos de acción de la iglesia:

(1) **El mundo**: Lo forman todas las personas que necesitan a Cristo. Este grupo está formado por dos clases de personas:

- La persona desconocida que no es cristiana:

Es quien no conoce a Cristo, vive dentro de la ciudad y no tiene contacto con ninguna iglesia. Sabemos que existe, pero no tenemos contacto directo con esa persona.

- La persona conocida que no es cristiana:

Es quien no conoce a Cristo y tiene contacto directo con un congregado o miembro de la iglesia: Amigos, Familiares, Vecinos, Compañeros de Trabajo, etc.

Estrategia para evangelizar a los que componen el mundo:

La invitaremos a nuestros Grupos Pequeños, le presentaremos el mensaje de Salvación durante la visitación a hogares, presentación del Plan de Salvación y Discipulado Uno a Uno: Cristianismo Básico.

(2) **El Congregado** (cristiano y no cristiano):

Es el asistente regular a nuestros cultos, actividades y programas, que aún NO es miembro de la iglesia.

Estrategia para integrar y formar al congregado:

A él se le atrae a la vida de la iglesia a través de la amistad y presentándole programas interesantes. Se conecta a la clase para el bautismo y la membresía.

(3) **El miembro**:

Es el que ha pasado por la Clase de Membresía, ha llenado el Pacto de Crecimiento y está dispuesto a comenzar el proceso de formación espiritual. Se le integra al proceso de formación espiritual y se le conecta a un Ministerio de Entrada para que inicie su vida de servicio.

• ¿Qué es un Ministerio de Entrada?

Es un ministerio que no se necesita mucha experiencia, ni habilidades especiales, ni mucha responsabilidad para desempeñarlo.

(4) **El Obrero**:

Es el miembro que ha identificado sus dones y talentos, está comprometido con su crecimiento espiritual (Desarrollo Ministerial) y sirve activamente en un ministerio. A él se le capacita para que aprenda y practique las características de un discípulo de Cristo.

(5) **El Líder**:

Es el obrero que tiene el don del liderazgo de acuerdo al test de dones y está demostrando las tres características de un discípulo de Cristo: Obediencia en practicar su tiempo devocional, Servicio y Reproducción.

Se le capacita para que sea un modelo de intimidad con Dios y así cumpla su propósito en la vida de obediencia, realice su misión en el mundo (servicio) y se multiplique (reproducción) creando Nuevos Ministerios o Ministerios Expandidos.

c. LOS PROCESOS EN EL PLAN ESTRATÉGICO

Para cumplir con estos propósitos, es necesario practicar CINCO PROCESOS CLAVES:

(1) ATRAER:

La iglesia atrae a los «inconversos» a través de publicidad, propaganda, actividades, programas y ministerios que satisfagan la necesidad espiritual, emocional, social y física de estas personas.

- Los puntos de entradas

Son aspectos en que se ministra a los invitados, y los miembros. Un punto de entrada es: una clase, una célula, un ministerio a la comunidad, el culto del domingo en la mañana, el pastor o persona por lo que una nueva persona entra a la iglesia. ¿Qué atrae a los visitantes a la iglesia? La creación de un ministerio es un punto de entrada.

Cuanto más son los puntos de entrada, tanto más la iglesia crece, porque los puntos de entrada satisfacen múltiples necesidades y atraen más personas.

Según los expertos en iglecrecimiento, se necesitan aproximadamente cuatro (4) puntos de entrada para atraer 100 personas.

- Las personas atraen personas.

Los programas solo son instrumentos; pero las personas son las que edifican, ministran y se reproducen. Tres aspectos en que la iglesia invierte su dinero: persona, programas, propiedad (edificio).

(2) INTEGRAR:

Se integra a los «congregados» a la vida de la iglesia asignándoles un Compañero de Oración, conectándolos rápidamente a un Grupo Pequeño y logrando que se bauticen y se unan a la membresía.

Los primeros tres meses en la vida de un nuevo creyente es crucial. La persona debe «unirse» a la vida de la iglesia en los primeros tres meses. Durante este tiempo tiene que hacer nuevos amigos, unirse a una célula, una clase de escuela dominical o cualquier otro grupo pequeño, y comenzar a servir. . Entonces tenemos que concentrar los esfuerzos para integrar al congregado lo antes posible a la vida de la iglesia.

(3) FORMAR:

Se le forma a los «nuevos creyentes y miembros» con el conocimiento bíblico básico para que inicien su vida de servicio y se comprometan a seguir su desarrollo ministerial: Crecimiento Espiritual. También, para que ganen a dos para Cristo y lleguen a ser obreros del ministerio que Dios les ha dado.

(4) CAPACITAR:

Se capacita a los «obreros» para que alcancen su madurez espiritual y sirvan al estilo de Cristo. Apoyarles para que puedan hacer sus ministerios más eficientes y puedan desarrollarse como líderes.

(5) MULTIPLICAR:

A los «líderes» se les adiestra para que cumplan su propósito en la vida, su misión en el mundo y se reproduzcan en otros líderes.

El hacer discípulo, no es un acontecimiento ni es un programa, sino que es un proceso, comienza cuando un inconverso tiene contacto con un cristiano, y termina cuando esa persona llega al cielo o Cristo regresa a la tierra; en otras palabras nunca termina.

Hemos dañado el discipulado al crear cursos de 7 ó 13 semanas y llamarlos discipulado. Eso no es discipulado. El discipulado es el proceso por el cual pasa una persona desde el momento que acepta a Cristo y durará toda la vida. Hemos confundido a las personas; queriendo comprometerlas a trece semanas y le hemos llamado discipulado. El discipulado es para toda la vida.

3. IDENTIFICAR LAS ESTRATEGIAS

1. Atraer al inconverso al Reino

Un «seguidor comprometido con Cristo» tiene amistad con un inconverso.

2. Integrar al inconverso al Reino a través de la salvación e integrar al cristiano a la iglesia a través de la membresía.
   • Presentación del plan de salvación: la persona acepta a Cristo
   • La clase de membresía integra al congregado a la iglesia

3. Formar espiritualmente creyente
   El alimento del creyente para llegar a ser como Cristo está compuesto de cinco ingredientes:
   • Alguien que le hable de Cristo (evangelismo)
   • Estudiar la Biblia: enseñanza bíblica.
   • Adorar a Dios individual y colectivamente. El tiempo devocional: la Biblia y la oración
   • El compañerismo con otros cristianos
   • El servir a otros: integración en los ministerios de la iglesia
   • Sin estos cinco ingredientes no hay formación espiritual.

4. Capacitar y adiestrar al cristiano.
   Un verdadero discípulo quiere servir, porque su Maestro, le dio el ejemplo de servicio
   Es responsabilidad de la iglesia, crear oportunidades de servicio, pero también el cristiano tiene que buscar donde servir y crear las oportunidades si estas no existe.
   El cristiano verdadero es un obrero de Cristo, este entiende que debe servir y lo quiere hacer. Para que sirva en un ministerio con eficiencia.
   El cristiano debe prepararse para hablar de Cristo de forma eficiente. No crea que porque aceptó a Cristo, y es un discípulo genuino, ya sabe presentar a Cristo con eficiencia. Usted tiene que adiestrarse.
   Recuerde que un «cuchillo corta, pero si lo afila, corta mejor». Un músico siempre está afinando su instrumento, y pasa horas practicando para ser mejor músico.

5. **CREAR LAS ESTRATEGIAS**

Después que se identifican las Estrategias, hay que ponerlas en acción; lo que veremos a continuación, es solo una guía para ayudarle a crear sus propias estrategias.

a. **LA ESTRATEGIA PARA LA ENSEÑANZA**

Para elaborar las estrategias, debemos tener en mente los siguientes puntos:

- Todo lo que se haga en la iglesia debe facilitar el crecimiento espiritual en el creyente.
- Proceso de Crecimiento espiritual es sinónimo de Discipulado
- Por lo tanto discipulado es el tiempo que le toma a una persona para llegar a ser como Jesús. Y este proceso de crecimiento dura toda la vida.
- El proceso de enseñanza (discipulado) debe ser el corazón del plan estratégico de la iglesia:
  (1) Simple
  (2) Diseñado y planeado. No surge al azar.
  (3) Único… Es lo más importante en la iglesia
  (4) Comunicado…. Todos en la iglesia deben conocerlo
  (5) Estratégico… tiene que estar conectado con calendario y presupuesto
  (6) Progresivo… (De inconverso a cristiano, y de cristiano a seguidor comprometido)
  (7) Claro… fácil de seguir y comprender
  (8) Orientado a la formación espiritual y con enfoque en el resultado final.
  (9) Alineados con los niños, jóvenes y adultos

- Las iglesias sanas tienen un claro proceso de discipulado. La gran tarea de la iglesia es definir la Gran Comisión en un proceso simple de hacer discípulos.

- Los métodos y programas son temporales; las vidas son eternas

Tener un enfoque claro permite abandonar todo lo que roba la atención y energía para hacer lo que se debe hacer para lograr el resultado final. Cuando hay un enfoque en el resultado final, todos somos parte de un todo; hay colaboración, no competencia. Es imposible hacer las cosas con excelencia cuando la energía y la atención se encuentran divididas. No podemos dejar a las personas solas. Tenemos que guiarlas en el proceso de formación espiritual. Hay que llevarlos a donde queremos que vayan; por sí solos no lo harán. Tenemos que colocar a las personas en el sitio justo para que Dios los transforme

Puede hacerse las siguientes preguntas: ¿Qué soy: un agente de viaje o una guía de turismo? El agente de viaje empuja a la gente para que vaya, el guía de turismo va con ellos. Los líderes del ministerio de Educación debe llevar a la congregación a que todos tengan la mentalidad del *guía de turismo*. No se trata de empujar a la gente a hacer cosas por ellos mismos, sino ir con ellos con paciencia. Como una madre cuida de su recién nacido. Porque eso es precisamente un *nuevo creyente; un recién nacido; a quien no se debe abandonar.*

Las relaciones y no la información son las que establecen el puente para la evangelización. Una iglesia que quiere evangelizar tiene que pensar en crear un ambiente de compañerismo sano y genuino en la iglesia.

El compañerismo es la cuna donde crece el evangelismo.

1. El discipulado Uno a Uno

Cuando un cristiano evangeliza a un amigo, él es la persona responsable que el nuevo creyente continúe en los caminos del

Señor. No podemos desprendernos del bebito espiritual. Nuestra función no termina cuando nuestro amigo acepta a Cristo.

2. Grupos abiertos:

En los grupos abiertos, los temas no se limitan a una fecha específica; y cualquier persona puede entrar en la clase en cualquier momento

Los grupos pequeños de estudio bíblico que están enfocados intencionalmente en alcanzar a los perdidos y en atraer a las personas a la vida de la iglesia.

Los grupos abiertos existen primordialmente para al alcanzar al perdido, su propósito es evangelismo en el seno del compañerismo.

3. Grupos cerrados:

Son cerrados porque, una vez que comienza la unidad de estudio, nadie más puede entrar hasta que comience un nuevo curso.

Son parte del proceso de formación espiritual del cristiano.

Adiestramiento de liderazgo y Estudios Bíblicos que animan a los creyentes a servir.

4. El plan de crecimiento espiritual.

Para que la estrategia de la enseñanza sea eficaz debe ser:

- Progresiva: Que los estudiantes entiendan que la enseñanza cumple con un propósito; y que los va a llevar a un crecimiento por etapas o niveles.
- Continua: Que lleve un movimiento hacia el crecimiento.
- Intencional: Desde que el visitante llega a la iglesia debe entrar en ese proceso que lo va a llevar a ser como Cristo.

b. LA ESTRATEGIA PARA ADORAR INDIVIDUAL Y COLECTIVAMENTE:

1. Cultos de adoración: Adorar colectivamente
   En cada culto los creyentes experimentan la presencia y el poder de Dios, y los perdidos escuchan el evangelio y tienen la oportunidad de recibir a Cristo y experimentar la salvación. El poder demostrado en la vida de los creyentes es la motivación para que el inconverso busque a Cristo.

2. El tiempo devocional
   El cristiano tiene que pasar tiempo a solas con Dios si quiere crecer espiritualmente; no hay sustituto para ese tiempo.

c. LA ESTRATEGIA PARA INTEGRAR AL CREYENTE EN EL SERVICIO:

1. **Integrar al nuevo creyente en un ministerio de entrada.**
   * Los ministerios de entradas son los ministerios donde cualquier persona puede participar. No necesita mucha experiencia religiosa ni bíblica.

   Los requisitos para servir en estos ministerios son:
   * deseos de agradar a Dios,
   * ser una persona comprometida y
   * deseo de servir al prójimo.

   Ejemplos de ministerios de entrada:
   (1) Ujier.
   (2) Audio, video, computación.
   (3) Compañero de visitación.
   (4) Atención al visitante en el parqueo.
   (5) Decoración, cocina, y cualquier otro ministerio de apoyo.

2. **Facilitar al miembro para que sirva en un ministerio**
   La iglesia debe crear oportunidades para que los creyentes sirvan en un ministerio sin muchos obstáculos.

Un buen método pudiera ser que en la clase de Membresía, se llena la Aplicación de Trabajo. El maestro de la clase de Membresía entrega esa Aplicación al Pastor. El pastor hace una copia y se la da al líder del ministerio donde la persona va a trabajar. El líder del ministerio se comunica con la persona interesada y comienza el proceso.

ESTE ES EL PROCESO PARA PONER A LAS PERSONAS EN UN MINISTERIO

Una vez que un congregado solicita su membresía a la iglesia, toma la clase de Membresía. En esta clase se:

- Explica la misión, visión, valores, estrategias y reglamentos de la iglesia
- Enseñan los principios Bíblicos de Mayordomía
- Conecta al nuevo miembro a un Grupo Pequeño y a un Ministerio de Entrada
- Aquí, el nuevo miembro toma el Test de Dones y Talentos para determinar el ministerio de entrada al cual será conectado.

PRIMER PASO: RECIBIR AL OBRERO

El maestro de la Clase de Membresía, transfiere el nuevo miembro al líder del ministerio donde va a trabajar.

a. Entrevista de entrada: Será conducida por el líder del ministerio y cubrirá los aspectos principales:
- Presentación del líder y bienvenida al obrero
- Revisión de la «aplicación de trabajo»
- Explicación de las funciones del Ministerio y cómo este cumple con la Misión y Visión de la Iglesia.
- Organigrama, ministerios, relación con otros ministerios, etc.

b. Elección del tipo de trabajo de acuerdo con los dones y las habilidades del obrero
c. Explicación de la descripción de trabajo y responsabilidades
d. Obtención del compromiso del obrero para este trabajo:
  • Hay aceptación del compromiso: El líder lo ubica en su ministerio y lo comunica al Ministerio de Educación para iniciar el «Desarrollo Ministerial» del nuevo obrero
  • No hay aceptación del compromiso: El líder lo refiere al ministerio relacionado con su don secundario.

SEGUNDO PASO: UBICAR
En este paso, el líder:
a. Establece la fecha del «primer adiestramiento»
b. Establece la fecha de inicio del trabajo
c. Anuncia al obrero la fecha de su presentación oficial al equipo de trabajo. Esta se realizara en la siguiente reunión que el equipo tenga programada.
d. Aclara cualquier duda que pueda tener el obrero sobre el trabajo a realizar. También recalca las implicaciones negativas si este no cumple con su responsabilidad.
e. Busca los recursos y prepara las condiciones de trabajo para el obrero

TERCER PASO: ADIESTRAR
a. El líder entrega al nuevo obrero el 'paquete del obrero' Este paquete consiste de un fólder con el siguiente material:
  • Carta de bienvenida
  • Misión, Visión y Valores de la iglesia
  • Organigrama general de la iglesia
  • Organigrama del ministerio
  • Metas generales de la iglesia y del ministerio
  • Descripción de Trabajo

- Características de un obrero cristiano
- Currículo de Desarrollo Ministerial: Miembro – Obrero – Líder (diamante)
- Las tres características de un discípulo de Cristo: Obediencia al tiempo devocional, al servicio, y a la reproducción.
- Calendario de Actividades del Ministerio
- Lista de integrantes del equipo (líder, secretaria, etc.)

b. El líder empieza el proceso de adiestramiento. Una buena fórmula puede ser:
- Yo explico lo que hay que hacer
- Yo te muestro lo que hay que hacer y tú me observas (soy tu modelo)
- Tú repites lo que yo hice, y yo observo
- Tú continúas haciendo el trabajo en mi ausencia.

c. La reunión de seguimiento. Se establece la fecha (en 15 días aproximadamente) para sondear cómo se siente el obrero y cómo está desempeñando su trabajo (retro-alimentación). Antes de terminar la etapa de adiestramiento, el líder le dirá al obrero: «Nos reuniremos dentro de dos semanas para ver cómo te adaptas a tu ministerio y para saber si necesitas alguna ayuda. Ten la bondad de llamarme si antes de ese tiempo me necesitas.»

Así, el nuevo obrero se sentirá apoyado por su líder y sabrá que este le monitoreará su trabajo en la etapa inicial. Dos semanas después, se podrán hacer ajustes o cambios necesarios.

CUARTO PASO: DELEGAR
a. Los beneficios del delegar
- Tiempo para hacer más. El delegar permite al líder la oportunidad de manejar más aspectos del trabajo.

- Desarrollo de habilidades de los obreros. Los líderes que fallan en delegar privan a sus obreros de la oportunidad de mejorar sus habilidades y de asumir mayores responsabilidades.
- Maximizar el potencial humano. Hacer el mejor uso de los recursos humanos disponibles incrementa el entusiasmo y provee un ambiente adecuado para que los obreros aporten nuevas ideas en favor del mejoramiento del trabajo en la iglesia.
- Prepara a más personas para hacer el trabajo. Delegar con eficiencia capacita a varias personas en el cumplimiento de la misma tarea; como resultado de esto, cuando algún obrero se ausenta no se forma el caos.

b. Comunique claramente los detalles.

- Describa qué es lo que está delegando y proporciónele bastante información para que pueda asumir la tarea.
- Proporcione las directrices por escrito, para evitar el síndrome de «no sabía». Si existe una brecha entre lo asignado y la habilidad del empleado, usted debe ser muy claro y conciso al describir los pasos de la tarea.
- Tenga en mente que una nueva asignación, particularmente involucra varias etapas, que probablemente no queden totalmente entendidas en una primera explicación.
- Comunique claramente: los resultados esperados, metas específicas, la calidad mínima del trabajo, cuándo debe ser terminado y las implicaciones negativas para el ministerio y la iglesia en general si el trabajo no se realiza.

c. Delegue la autoridad necesaria y ofrezca los recursos y apoyo necesarios: Defina el grado de autoridad y/o de autonomía de la persona en la que se delega.

- Delegue autoridad con responsabilidad.
- Autonomía para tomar decisiones.

- Acordar cuál es la decisión final que el líder del ministerio debe aprobar
- Presentación de decisiones alternas a problemas existentes. No se debe plantear un problema sin plantear posibles soluciones
- Presentación de la información correspondiente al ministerio

d. Administre y evalúe.

- Desde el comienzo, establezca claramente los tiempos en los que usted se reunirá con el obrero para revisar su desempeño.
- De tiempo en tiempo debe revisar el proceso de la tarea delegada.
- El secreto para delegar correctamente es llevar un adecuado seguimiento. Es necesario estar atento para juzgar cuando el obrero está listo para manejar más responsabilidades.
- Si es necesario, delegue por etapas, comience con pequeñas tareas y vaya incrementando los retos.

e. Reconocimiento.

- Los resultados que son reconocidos, son repetidos.
- Usted debe monitorear y corresponder al desarrollo de la persona. De otra manera, será como jugar sin llevar las anotaciones, lo que al final no motiva.

f. Permita errores.

Delegar es una forma de tomar riesgos. Si usted no puede aceptar que habrá pequeños errores, usted nunca será capaz de delegar correctamente.

QUINTO PASO: EVALUAR

Es importante crear puntos de chequeos para asegurar el progreso deseado o evitar cualquier obstáculo para la realización del trabajo.

Hay cuatro niveles de evaluación:

Nivel 1…. (semanal) Es espontáneo, corto, informal, sin agenda específica

Nivel 2…. (mensual) Hay un asunto específico, hay algo que corregir; es corto y cabe en el marco de una conversación.

Nivel 3…. Es el punto de chequeo trimestral. Es una reunión planeada, con una agenda y se evalúa: Metas, objetivos, progreso de acuerdo a los planes.

Nivel 4…. Es la evaluación anual. Se hace con el propósito de:

- Establecer que hay que mantener
- Establecer que hay que cambiar o mejorar
- Establecer que hay que quitar o agregar: personal, programas o actividades

En cada nivel tiene que contemplarse un tiempo para reconocer logros y elogiar el trabajo que se está haciendo bien. Es una forma de recompensar positivamente el trabajo del obrero.

SEXTO PASO: MODELAR

Es esencial que cada líder modele el estilo de servicio y liderazgo de Cristo. Que sea ejemplo para el nuevo obrero. La iglesia espera que sus líderes demuestren:

- Obediencia en el tiempo devocional: Sometiendo su vida al Señorío y Poder de Cristo
- Obediencia en el Servicio: Sirviendo con amor, pasión y compasión
- Obediencia en la Reproducción: Ganando almas para Cristo y pasando su legado ministerial a otros

SÉPTIMO PASO: CELEBRAR

a. ¿Qué hay que celebrar?

- Las pequeñas y grandes victorias del equipo.
- Cada logro cuenta y es importante para Dios, la iglesia, el ministerio y sus obreros.

b. ¿Para qué debemos celebrar?
    - Para glorificar el nombre de Dios.
    - Para reafirmar la misión y la visión de la iglesia
    - Para resaltar lo positivo que está ocurriendo en el ministerio
    - Para reconocer el trabajo de los obreros
    - Para motivar a los desanimados
    - Para revitalizar y reenfocar las energías del equipo

Cada líder debe planear periódicamente con su equipo la celebración de sus logros. Las celebraciones deben ser sencillas y moderadas en su forma, pero hermosas en su contenido espiritual.

OCTAVO PASO: REFINAR

Refinar es la acción de ir de *bueno a mejor*. Cada líder tiene que hacerse la pregunta: ¿Cómo puedo mejorar mi ministerio? Esta pregunta hecha con sinceridad lleva a cada ministerio a optimizar los recursos humanos y materiales que Dios le da a la iglesia.

- ¿Qué estamos haciendo?
- ¿Se puede hacer de otra forma para obtener mejores resultados?
- ¿Qué hay que dejar o cambiar para obtener mejores resultados?
- ¿Los cambios identificados están de acuerdo con la Misión, Visión y la cultura de la iglesia?
- ¿Los cambios recomendados ameritan nuevos adiestramientos?

NOVENO PASO: MULTIPLICAR

Al llegar a este paso, el líder ha servido de modelo, ha transmitido la visión del ministerio a sus obreros y ha desarrollado a más líderes.

- El líder ha pasado a ser un mentor; esto le permitirá continuar con su legado
- Otro líder puede tomar la posición del líder principal
- Se forman ministerios nuevos o se expanden los existentes.

d. LA ESTRATEGIA PARA EL COMPAÑERISMO

El compañerismo es la puerta que abre las relaciones humanas. El tiempo que pasamos con los hermanos fortalece nuestra fe. Pero el tiempo que pasamos con los inconversos nos pone en una posición adecuada para hablar de Cristo.

Dice la Biblia en el libro de Hechos que los primeros cristianos se reunían en las casas, y comían juntos y oraban juntos.

El compañerismo se logra a través de los grupos pequeños de estudios bíblicos o discipulados; y también en las reuniones de grupos afines, como es practicar un deporte, juegos recreativos, actividades especiales en la vida de los hermanos, como bodas, cumpleaños, funerales, etc.

Una iglesia que quiere crecer en la evangelización debe invertir en la calidad del compañerismo entre los hermanos. El compañerismo es la miel que atrae el inconverso a los pies de Cristo.

El amor filial, entre los hermanos se desarrolla en el marco del compañerismo; y dice Cristo que el mundo sabrá que somos sus discípulos, si tenemos amor unos para con los otros. Juan 13:33

El compañerismo existe cuando:

- Los hermanos se quedan después de terminado el culto.
- Los cristianos ponen atención al invitado a las reuniones.
- Los visitantes son tratados con mucha amabilidad.
- Los hermanos se preocupan por las necesidades de los demás.

El compañerismo en la iglesia no es un lujo, es una necesidad. Es como el aceite en el motor de un automóvil. Por muy potente que sea el motor, sin el aceite, no avanzará mucho. El compañerismo como el aceite, permite ir largas millas sin flaquear, ni abandonar la vida y el servicio cristiano.

e. **LA ESTRATEGIA EVANGELÍSTICA: EVANGELISMO RELACIONAL**

TA.C.T.O

Toque Amistoso, Cristo-céntrico, Testimonio, Oración

La estrategia para el evangelismo es amigos ganando a amigos. Cuando se trata de los problemas importantes de la vida, las personas generalmente no ponen su vida en las manos de extraños; por el contrario, escuchan aquellas en las que confían. Esto es una realidad cuando se trata del problema fundamental en la vida: nuestro destino espiritual. Si vamos a ganar personas para Cristo, en la mayoría de los casos no serán los extraños quienes los lleven hasta Cristo, sino los amigos.

El «evangelismo» es un proceso, no es una actividad. El proceso pasa por CUATRO etapas: Toque Amistoso, Cristo-céntrico, Testimonio y Oración.

TOQUE AMISTOSO

a. Aprovechar las oportunidades para hacer amistad con inconversos

Trate de cultivar una relación con alguien que trabaje en un restaurante que usted frecuente. Conozca gente en su gimnasio. Invite a sus vecinos a su casa. Conózcalos. Ore por ellos. Sí es posible desarrollar amistades con personas no cristianas. Mientras sigue el ejemplo de Cristo y aprende a ser amigo de aquellas personas que no conocen a Dios, cuide que su comportamiento sea cristo-céntrico. Y esté alerta para aprovechar la oportunidad de hablar del plan de salvación.

- Jesucristo fue y es amigo de pecadores.
- Nuestros amigos son nuestro campo misionero.

b. Orar diariamente por los amigos inconversos

La oración es importante en cada etapa del evangelismo. La oración es el arma de ataque en la lucha espiritual. La evangelización conlleva entrar al campo del enemigo y arrebatar a los prisioneros.

c. Cuidar mucho del estilo de vida.

Debemos cuidar de nuestro testimonio cristiano. Nuestros amigos se convertirán, no por lo que le digamos, sino por lo que influya en ellos nuestra vida.

Durante esta etapa, cuando comenzamos a sembrar la semilla del evangelio, es imperativo que nos mantengamos cerca de Cristo. Nadie puede estar con Jesús y ser igual.

- La persona que cada día se mantiene cerca de Cristo llegará a ser como Él.
- El testimonio de la vida de usted prepara el testimonio de sus labios.
- El compartir la vida social de las amistades sin comprometer los valores cristianos.

Hay que tener siempre presente que para llevar a alguien a Cristo, hay que ser su amigo, estar cerca de él.

El cristiano no puede estar alejado de los acontecimientos importantes en la vida de sus amigos: cumpleaños, bodas, funerales y graduaciones.

«Puedes impresionar a una persona de lejos; sólo podrás influir en ella estando cerca.»

Un discípulo puede expresar su espíritu de servicio, en nuestro ocupado mundo de hoy, de las siguientes maneras:

- Manteniéndose disponible y accesible (Gálatas 6:10).
- Mostrando hospitalidad hacia todos y no solamente a ciertas personas.
- Asignando a las personas el valor que cada una tiene, dedicando tiempo para verlas y servirles.

- Ejerciendo creatividad para encontrar maneras de ayudar a los demás. Hebreos 10:24
- Prestando un servicio en respuesta a las necesidades, en lugar de servir para obtener el reconocimiento de los demás. Gálatas 1:10
- Usando su don espiritual como un canal de servicio. 1 Pedro 4:10

CRISTOCÉNTRICO

En esta fase es muy importante presentar a Cristo; no un concepto, no una religión, no una iglesia. Cristo es una persona.

a. Primero se siembra la semilla de la amistad, luego se cultiva. Es más fácil hacer amigos que conservar los amigos.

b. Ser sensible a las necesidades de los amigos.

Cuando un amigo o amigos estén pasando por una enfermedad, o muerte de un familiar es cuando realmente necesitan de los cristianos. Estar presente a su lado en los momentos difíciles dice mucho del compromiso a la amistad. Se dice que el verdadero amigo, se queda cuando todos se van. Esa es la mejor oportunidad para que se den cuenta de que hay interés en su vida. Así el hablarle de Cristo se hace más eficaz.

No le podemos ganar la mente si no le ganamos el corazón con el amor de amigos.

Cuando un amigo está pasando por una dificultad no es el tiempo para predicarle, es el tiempo de estar presente.

Cristo fue sensible a los problemas de la gente, sin ser fanático.

c. En la etapa cristo-céntrica, lo más importante es dejar bien claro cuáles son los valores cristianos que no son negociables.

Lo que hace eficaz el testimonio cristiano es que el mundo vea el cambio que hace Cristo en la vida.

No es lo que decimos creer, sino lo que practicamos lo que influye en la vida de los inconversos.

TESTIMONIO PERSONAL Y PRESENTACIÓN DEL PLAN DE SALVACIÓN

Después que se ha estado cultivando la amistad, la persona ve que hay un cristianismo genuino y que realmente trabaja en la vida. No podemos quedarnos toda la vida cultivando la amistad, hay que pasar a la tercera etapa en la relación: presentar el plan de salvación.

Si las dos primeras etapas han sido desarrolladas cuidadosamente, esta será de bendición para todos. Recuerde que es la responsabilidad de todos.

La tercera etapa es el testimonio.

Usted es un testigo de la grandeza del amor y de la misericordia de Dios; su estilo de vida debe ir acompañado con el testimonio de sus labios.

Puntos de atención para presentar el Plan de Salvación:

* Hay que ser claro, específico y sin rodeos
* No entrar en discusión
* Comenzar, continuar, y concluir con seguridad
* Utilizar la Biblia según las condiciones lo permita
* Usar bien dos o tres versículos.
* Dar oportunidad a la otra persona a responder (aceptar a Cristo) pero no manipular la situación
* Utilizar el testimonio personal pero sin exagerar

ORACIÓN

La oración debe ser nuestra primera y última opción cuando se trata de evangelizar.

Debemos orar por sabiduría y por oportunidades de hablar de Cristo de forma inteligente y con tacto.

6. LA ESTRATEGIA PUESTA EN PRÁCTICA

Antes de entrar en el calendario y el prepuesto anual de la iglesia, hagamos una pausa para ver el camino recorrido.

1. Primero se hace un análisis de las necesidades de la iglesia y de la comunidad.
2. Basadas en esas necesidades se crean los objetivos generales de la iglesia.
3. Se elaboran los valores reales de la iglesia; por los cuales los miembros, líderes y obreros van a guiar su estilo de vida. Aquí se hace una diferencia entre los valores deseados y los valores reales o practicados. Los valores importantes son aquellos que los cristianos practican.
4. Descubrimos la misión y la visión de la Iglesia.
5. Entonces, de los objetivos generales, se comienzan a elaborar las metas generales de la iglesia, y específicas de los ministerios.
6. Se crea el calendario y el presupuesto. Una meta que no se pone en el calendario y no se le determina el costo, nunca se realizará.
7. También a las metas se le asigna la persona o ministerio responsable.

La estrategia es el conjunto de acciones encaminadas a lograr un objetivo determinado. Pero no se logrará nada si no se le pone en el presupuesto y en el calendario.

Para elaborar las metas, tenemos que comenzar conociendo las NECESIDADES DE LA IGLESIA

Algunos objetivos y metas de la iglesia pueden salir de los deseos y sueños (o aspiraciones) de los líderes y miembros; pero realmente de donde deberían salir es de las necesidades de la congregación y la comunidad.

Muchos de nuestros deseos, provienen como tal de nuestra naturaleza humana; pero otros pueden ser puestos ahí por Dios. Antes de desecharlos debemos examinar si nuestros deseos son egoístas, y humanos; o están alineados a los principios bíblicos y a la misión y visión de la iglesia.

Alguien dijo en cierta ocasión, «solo tienen derecho a sonar aquellos que son capaces de despertar y con propósito firme hacer sus sueños realidad.»

Si las metas no tienen fecha, lugar y recursos específicos para realizarlas, entonces es solo una declaración de deseo, pero nada más.

Además de adorar a Dios, la iglesia existe para ser el Corazón y los brazos de Dios en satisfacer las necesidades donde están. Dios cuenta con la iglesia para llegar a la comunidad.

a. **Elaborar los objetivos específicos de la iglesia.**

Los objetivos son expresiones generalizada de lo que se quiere lograr; generalmente se requiere varias metas para lograr un objetivo. En otras palabras, es el resultado final de una serie de metas y procesos

* Los objetivos responden a ¿QUE quiero hacer?
* Las metas, por otro lado, responden a ¿COMO lo voy a hacer?

Alguien lo ha comparado con una escalera: el objetivo está en la cima de una escalera, y las metas son los peldaños para llegar a esa cima.

Ejemplos de algunos objetivos que la iglesia puede trazarse:
* Lograr que los miembros participen activamente en la visión y misión de la iglesia.
* Lograr que cada miembro (Niño, joven, adulto) lleve a la iglesia al menos un invitado al mes

119

- Lograr que cada miembro gane como mínimo a dos personas para Cristo en doce meses
- Lograr que cada visitante sea contactado por el Ministerio de Evangelismo para presentarle el Plan de Salvación.
- Lograr que la iglesia sea conocida localmente.
- Lograr que cada miembro adopte una actitud misionera. Hechos 1:8
- Lograr que cada congregado se integre a un Grupo Pequeño
- Lograr que cada miembro se integre activamente en el Plan de Formación espiritual (discipulado)
- Lograr que cada miembro se integre a un ministerio y sirva al Estilo de Cristo
- Lograr un ambiente de adoración que celebre y exalte la grandeza de Dios
- Lograr que la intimidad con Dios sea la herramienta número uno para lograr el crecimiento.
- Lograr la utilización y administración eficaz de nuestros recursos.
- Lograr que cada miembro adopte los principios bíblicos de mayordomía integral
- Lograr que el crecimiento del personal administrativo y ministerial sea proporcional a nuestro crecimiento numérico.

b. Elaborar las Metas

Las metas son los procesos o pasos que se deben comenzar, seguir y completar para poder llegar al objetivo.

Todo objetivo está compuesto por una serie de metas, que unidas y alcanzadas conforman los logros.

Las metas son objetivos más pequeños para poder alcanzar el objetivo grande.

Para que sea una meta debe tener las siguientes características:

* Específicas en cuanto a tiempo, costo económico, y el responsable de la realización
* Medibles: ¿Cómo voy a saber si logré la meta? Tengo que tener un sistema para medirla. Si no se puede medir, no es una meta.
* Alcanzables.
* Relevantes.
* Progreso
* Flexibles: Se puede adaptar, cambiar.
* Memorable (Se va a recordar)

LA GRAN ESCALERA PARA CUMPLIR CON NUESTROS GRANDES OBJETIVOS.

El gran objetivo responde a la pregunta, ¿Qué quiere hacer?

Las metas responden a la pregunta, ¿Cómo lo vamos a hacer?

¿Qué deseo lograr? | **El Gran Objetivo** |

Meta #3

¿Cómo lo voy a lograr?

Meta #2

Meta #1

c. Calendario, Presupuesto, Personal.

Tiene que ver con el cómo vamos a poner en práctica las estrategias. Hay que constantemente repetir y repetir hasta que las personas estén seguras de todos los pasos.

1. Calendario

Si no se pone en el calendario para su ejecución, solo se queda en un objetivo o una declaración de deseo, pero nunca separa una meta.

- Actividades.
- Programas.

El Calendario contiene el Plan de Trabajo de la iglesia. Este Plan comprende cuatro aspectos:

- ✓ Los objetivos y las metas específicas de cada ministerio para este año.
- ✓ La lista de los Programas y Actividades con sus correspondientes fechas de ejecución
- ✓ La proyección de los recursos humanos requeridos para la realización de cada actividad
- ✓ El valor aproximado de los recursos económicos necesarios

2. Presupuesto.

El presupuesto tiene que ver con qué recursos económicos se cuenta. Entre otras cosas, incluye principalmente:

- Manejo de las entradas.
- Manejo de las salidas.
- Elaborar el presupuesto.

«Un presupuesto refleja fe, y una buena planificación» Lucas 14:28-32

Actividades para la preparación del presupuesto:

Acción	Responsable	Fecha	X
Verificación y Aprobación del plan de trabajo			
Presentación del plan de trabajo al Pastor			
Elaboración del presupuesto por cada líder de ministerio			
Entrega del presupuesto del ministerio a Finanzas			
Revisión del Presupuesto			
Consolidación del presupuesto			
Envió del Presupuesto Tentativo a Miembros			
Reunión para aprobar el Presupuesto			
Enviar el presupuesto aprobado a los miembros ausentes			

3. El Personal

No hay plan estratégico si no se contempla el recurso más importante: las personas. Nuestro recurso más valioso son los creyentes.

Los factores más importantes para manejar los recursos humanos son los siguientes:

- Incentivos,
- Motivación,
- Reconocimiento,
- Responsable a, y responsable por (cadena de autoridad),
- Reportes,
- Innovación,
- Creatividad.
- Adiestramiento y capacitación
- Atención espiritual (cuidado pastoral)

(1) Definición.

a. El personal de la iglesia está compuesto de acuerdo al tiempo que pueden invertir en el ministerio en voluntarios y pagados.

b. El personal pagado de acuerdo a sus funciones pueden clasificarse como:
  (1) Personal que desarrollan programas.
  (2) Personal que apoyan a los programas desarrollados.

c. Tres clases con respecto a su compromiso hacia la iglesia
  (1) **Miembros.** Clase de Membresía. Necesidad principal crecer y reproducirse en otro cristiano.

La membresía (miembros) de la Iglesia estará formada por personas que:

1. Han recibido a Jesucristo como su Salvador personal.
2. Se han bautizado en agua (bautismo por inmersión) .

3. Han solicitado oficialmente la membresía.
4. Han pasado la clase de membresía.
5. Se han comprometido ante Dios a cumplir con el Pacto de Crecimiento.
6. Son aceptados por el voto mayoritario de la congregación en asamblea general.

Expectativas:
La iglesia espera que sus miembros:
1. Vivan bajo un estilo de vida de Adoración
2. Se integren a un Grupo Pequeño.
3. Ganen al menos a dos almas para Cristo en un año.
4. Busquen su crecimiento espiritual estableciendo una relación íntima con Dios, participando activamente en el programa de Discipulado, demostrando una vida de mayordomía integral: con su familia, recursos económicos y materiales, tiempo, dones y talentos
5. Sirvan gozosamente en un ministerio

Miembro Activo:
a) Asiste regularmente a las actividades y cultos de la iglesia
b) Contribuye fielmente a su sostenimiento.
c) Participa en algún ministerio de la iglesia

1. Deberes de los miembros
   Se espera que todos los miembros de esta Iglesia sean, ante todo, fiel en todos los deberes esenciales de la vida cristiana:

   • Que reflejen en su vida el testimonio de liderazgo de Cristo para influir positivamente en su hogar, sus familiares, sus amigos y su comunidad
   • Que asistan regularmente a los cultos de la iglesia,

- Que contribuyan fielmente al sostenimiento económico de la iglesia y la obra misionera con sus diezmos y ofrendas
- Que trabajen en un ministerio de la iglesia, poniendo sus dones y capacidades al servicio de Dios.
- Que hablen del plan de salvación a personas que no conocen a Cristo
- Que asistan y participen en las reuniones administrativas (o de negocios)

Obreros

Además de los miembros, la iglesia está compuesta por Obreros.

Para añadir a una persona al equipo de trabajo de la iglesia es necesario considerar tres criterios muy importantes:

- La persona está de acuerdo con la visión y misión de la iglesia.
- La persona trae dones espirituales que complementa a los del equipo de trabajo.
- La persona demuestra lealtad al liderazgo de la iglesia.

Líderes

Los líderes son los obreros que tienen el don del liderazgo.

El líder debe tener las cinco características de:

- L: Lealtad a Dios, a la Iglesia, y al liderazgo de la Iglesia
- I: Influye en otros para que sigan a Cristo
- D: Dirección hacia metas específicas. El líder tiene que ser una persona con visión
- E: Ejemplo de vida rendida a Cristo, que es obediente en su tiempo devocional diario, en el servicio y en la reproducción espiritual
- R: Reproducción; el líder siempre anda buscando formas de multiplicarse.

Nota: Un Pacto como este debe ser firmado por el nuevo miembro una vez que pasa la clase de Membresía. En algunas iglesias se le llama el Pacto de Membresía. La idea de *Crecimiento,* implica que es continuo y con expectativa de crecimiento.

EL PACTO DE CRECIMIENTO

En obediencia al Espíritu Santo y al llamamiento de nuestro Señor Jesucristo, hago un pacto para cumplir con la Misión que el Señor nos ha dado, en este tiempo y en este lugar.

Estando de acuerdo con la Visión de nuestra iglesia, yo me comprometo con Dios y con los demás miembros a:

- Orar por el crecimiento de mi iglesia (Filipenses 4:6)
- Invitar a los no creyentes para que conozcan a Cristo (Lucas 14:23)
- Integrarme activamente en los estudios bíblicos de discipulado -Programa de Desarrollo Ministerial- (2da de Timoteo 2:2)
- Procurar ganar como mínimo dos personas para Cristo en el periodo de un año (Lucas 4:18-19)
- Servir a mi iglesia con todos los dones y talentos que Dios me ha dado (1ro Pedro 4:10)
- Darle fielmente al Señor el diezmo y ofrendas que le pertenecen (Levítico 27:30)
- Ser una influencia positiva para motivar a los demás miembros a hacer suyo este compromiso (Hebreos 10: 24-25)

Firma: Fecha:

HOJA DE TRABAJO
PASO #1
DESCUBRIR LAS NECESIDADES

ASPECTOS	NECESIDADES ESPECÍFICAS
Adiestramiento Formación de Obreros y líderes	
Compañerismo	
Familiar (hijos)	
Familiar (matrimonios)	
Hablar de Cristo (Evangelismo)	
Enseñanza bíblica (Discipulado) Grupo Pequeño Escuela Dominical	
Culto del domingo (Adoración)	
Equipos (audios, video) (adoración)	
Proclamación, mensaje (pastoral)	
Cuidado Familiar (Pastoral)	
Administración, Organización, Financiera	
Mayordomía	
Publicidad	

PASO #2
CREAR LOS OBJETIVOS GENERALES
RESULTADO DE LAS NECESIDADES

NECESIDADES	OBJETIVOS

Ejemplo de objetivo y metas en la formación de seguidores comprometidos de Cristo.

Aquí, en forma de resumen, veamos lo antes presentado. Es una repetición de los conceptos ya conocidos.

Objetivo general de la iglesia:

• Queremos hacer discípulo.

La iglesia existe para adorar a Dios siendo obediente a la Gran Comisión.

El hacer discípulos no es una actividad ni es un programa. Es un proceso que comienza cuando un inconverso tiene contacto con un cristiano, y termina cuando esa persona llega al cielo o Cristo regresa a la tierra; en otras palabras, nunca termina.

El discipulado es la esencia misma de la vida de la iglesia.

ATRAER:

Objetivo: Lograr que en el trato diario un cristiano tenga amistad con un inconverso y de esa forma lo pueda atraer al Reino de Dios.

Un 'seguidor comprometido con Cristo' tiene amistad con un inconverso para atraerlo al Reino de Dios.

INTEGRAR:

Objetivo: Integrar al inconverso al Reino y el cristiano a la iglesia

Lograr que cada cristiano presente el plan de salvación a sus amigos, y así la persona tiene la oportunidad de aceptar a Cristo

Tan pronto la persona acepta a Cristo se integra a la clase de la escuela dominical, el Cristianismo Básico. Una vez terminada esa clase se Bautiza y pasa a la clase de membresía integra al congregado a la iglesia

El maestro de la clase de membresía tiene tres funciones importantes:

1. Conectar al alumno a un ministerio.

2. Explicar el Pacto de Crecimiento y llevar al alumno a comprometerse firmándolo.

Vida de la iglesia

FORMAR:

Objetivo: Formar espiritualmente al creyente.

El «alimento» del creyente para llegar a ser como Cristo está compuesto de cinco ingredientes:

- Hablar de Cristo. Alguien que hable de Cristo (evangelismo) y les hable a otros del evangelio.
- Estudiar la Biblia: enseñanza bíblica.
- Adorar a Dios individual y colectivamente. El tiempo devocional: la Biblia y la oración.
- El compañerismo con otros cristianos.
- El servir a otros: integración en los ministerios de la iglesia.

CAPACITAR

Objetivo: Capacitar y adiestrar a cada cristiano.

Guiamos al obrero para que se convierta en líder, y comprenda que en lugar de recibir solamente, ahora debe comenzar a dar.

Dios espera que el cristiano llegue a la madurez espiritual. Una señal de madurez es invertir en la vida de los demás.

(1) Para que sirva en un ministerio con eficiencia
(2) Para que se reproduzca. El cristiano debe adiestrarse para hablar de Cristo de forma eficiente

MULTIPLICACIÓN

Objetivo: Llevar al discípulo a reproducirse en otro discípulo, y al líder a formar a otros líderes.

- Pasamos de ser maestros de alumnos, a ser maestros de maestros.
- Delegamos responsabilidades en otros.
- Tomamos la posición de mentor o coach.

PASO #3
HACER LAS METAS GENERALES
DE LA IGLESIA RELACIONADAS
CON LAS NECESIDADES

NECESIDADES ESPECÍFICAS	METAS: Especificas, Medible, Alcanzables, Relevantes, Progreso Flexibles, Memorable (Se va a recordar)

PASO #4
EJEMPLO DE NECESIDADES GENERALES Y LAS ACCIONES PARA SATISFACER ESAS NECESIDADES

	NECESIDAD	ACTIVIDAD
1	Adiestramiento	Retiro de Obreros, Adiestramientos, Talleres para Líderes
2	Capacitación	Discipulado, Escuela Dominical, Conferencias y Seminarios
3	Adoración- Celebración	Aniversario, Vigilia, Día de Acción de Gracias, Culto de Fin de Años, Culto Adoración
4	Compañerismo	Día de las Madres, Padres, Picnic de la Familia, Día de la amistad y el amor
5	Alcance evangelístico	Campañas, Culto de adoración, Semana Santa, Navidad, E.B.V, Día de la Hispanidad, Día del Amigo, Día de la Gran Cosecha, Semana de la Juventud, Grupos pequeños

PASO #5
Modelo para hacer las metas
específicas para cada ministerio
MINISTERIO:

Necesidad	Meta: Acción	Fecha	Costo	Responsable

PASO #6
CREAR EL SISTEMA PARA
MEDIR LOS RESULTADOS

El sistema para medir el crecimiento debe incluir resultados numéricos y espirituales

- Numérico (cuantitativo):

Vea la tabla en la siguiente página; aquí propongo algunos aspectos, aunque no son únicos, que se pueden medir.

Medir los resultados es una tarea muy difícil porque en general, las iglesias no están acostumbradas a hacer este tipo de análisis. Le tenemos miedo a la evaluación y preferimos seguir creyendo que estamos '*haciendo discípulos*;' cuando en realidad estamos cumpliendo muy poco la Gran Comisión.

- Crecimiento espiritual

PARA MEDIR EL CRECIMIENTO ESPIRITUAL

(a) Obediencia: ¿Estamos siendo obedientes a Dios de acuerdo a la Biblia?
(b) Servicio: ¿Estamos participando en algún ministerio?
(c) Reproducción: ¿Nos estamos reproduciendo en otros cristianos?

CRECIMIENTO NUMÉRICO
Mes:

ASISTENCIA	1	2	3	4	5	
1. Visitas Cultos						
2. Asistencia clase de Nuevos creyentes						
3. Asistencia clase de membresia						
4. Asistencia a clase de Discipulados						
5. Personas en el ministerio de evangelismo						
6. Asistencia Cultos dominicales						
7. Programa especial						
8. Numero de Bautismos						
9. Escuela Dominical						
10. Personas visitantes						
11. Números de obreros						
12. Nuevos Ministerios						
13. Grupos Pequeños						
14. Contactos evangelísticos						

Otros asuntos para evaluar el crecimiento numérico:

1. Visitas presentes en el culto del domingo por la mañana.
2. Personas que están tomando las clases de "Mi Primera clase Bíblica' y 'Nueva Vida', Membresía
3. Personas en Ministerio
4. Personas en Mayordomía
5. Personas que sirven en un ministerio.
6. Asistencia general a los cultos de adoración los domingos por la mañana.
7. Asistencia a los programas especiales otro día que no es domingo.
8. Personas bautizadas esa semana.
9. Asistencia a la Escuela Dominical.
10. Personas participando en el discipulado capacitador (desarrollo ministerial).
11. Personas participando en el Cristianismo Básico (discípulo y discipulador).
12. Nuevos ministerios formados.
13. Asistencia a los grupos pequeños.
14. Número de contactos evangelísticos: visitación, llamadas, cartas, repartición de tratados, etc.

CAPÍTULO 13

Evaluación general de la vida de la iglesia

Evaluar los procesos y los resultados da sanidad a la iglesia.

Toda fábrica tiene que controlar la calidad. La función principal del departamento de control de la calidad es evaluar si el resultado final que se está logrando es igual al resultado final que se desea lograr.

De igual manera, la iglesia debe estar siempre alerta para darse cuenta de si todos los programas, actividades y ministerios están creando discípulos. Es cierto que la «calidad no se controla, sino que se fabrica.» Si la materia prima es de alta calidad y los procesos son los correctos, el resultado final saldrá con calidad.

La evaluación en la iglesia no debe considerarse como algo negativo, sino como algo normal y necesario. Es necesario porque deja saber si se necesita hacer cambios o mejorar en algunos aspectos, antes de seguir invirtiendo recursos indiscriminadamente.

El proceso de evaluación va a indicar lo que debe conservarse, lo que debe mejorarse o lo que debe eliminarse.

También, de forma preventiva, puede mostrar lo que pronto podrá dar problemas, y a los que hay que prestarles atención de inmediato.

La palabra evaluación y la palabra crítica tienen una connotación negativa y nos llevan a pensar en términos indebidos. Debemos ser críticos de la iglesia, como quien hace una crítica literaria, resaltando los valores y logros, así como los aspectos en que se debe mejorar.

El pastor debe enseñar a la iglesia a criticar las ideas sin atacar a las personas; y a la vez, educar a las personas para que reciban una crítica de forma constructiva, y sacar lo mejor de toda evaluación.

En la mayoría de las iglesias no se usa la evaluación o los puntos de chequeos en el funcionamiento de la iglesia por miedo o por desconocimiento.

- **Miedo.**

La verdad, aun con amor tiende a herir. Por lo tanto, es mejor pasar por alto las cosas. Nos da miedo hacer las preguntas *difíciles*.

No se puede hacer un viaje largo sin detenerse a preguntar: ¿Estamos en el camino correcto? ¿Vamos bien? ¿Cuánto hemos avanzado o cuanto nos falta? ¿Hay alguna señal de peligro en el camino? ¿Se necesita hacer algún ajuste?

El miedo paraliza, engaña y lleva a presentar cualquier tipo de excusa al pobre rendimiento.

El miedo a encontrar las razones del poco crecimiento de la iglesia puede destruir la alta opinión que el líder tiene de sí mismo. El líder que se resiste a ser evaluado, y a evaluar su ministerio, se está negando la oportunidad de mejorar y de crecer. La crítica y la evaluación pueden ser su mayor aliado.

- **Desconocimiento.**

Muy pocos líderes en nuestras iglesias, han sido instruidos para hacer una proceso de evaluación sincero y efectivo. Hay también un desconocimiento del valor que tiene evaluar de forma sistemática el movimiento de la iglesia. Tener un proceso de evaluación en la iglesia no es un tema popular, Por lo general, algunas personas lo ven como algo antibíblico. ¿Cómo puede cuestionarse el desenvolvimiento del pastor o de los líderes sin minimizar o socavar su autoridad espiritual?

Frecuencia para evaluar

A continuación hay algunas sugerencias para saber qué evaluar y con qué frecuencia.

Qué evaluar	Frecuencia
1. Dirección: Valores, Misión y Visión	Anual
2. Pastor y personal	Cada 6 meses
3. Líderes de Ministerios	Cada 6 meses
4. Maestros de la Esc. Dominical	Cada 6 meses
5. Las estrategias	Cada 6 meses
6. Puesta en práctica-revisión	Mensual
7. Asistencia	Mensual
8. Finanzas, Contribución	Mensual
8. Estado espiritual, emocional de la Iglesia	Semanal
9. Culto de adoración	Semanal
10. Programas y actividades	Lo antes posible después de realizados

Aspectos para evaluar

1. Dirección:
   - ¿La iglesia cumple su misión?
   - ¿La iglesia va de acuerdo con su visión?

2. Calidad de los programas y las actividades

3. Evaluar las tres etapas de los programas:
   - Planeamiento
   - Ejecución
   - Resultado y Seguimiento

4. Metas y .Resultados esperados:
   - ¿Estamos formando discípulos?
   - ¿Estamos creciendo al ritmo deseado?
   - ¿Estamos cumpliendo con las principales metas?

5. Sincronización con la misión y la visión
   - ¿Estamos glorificando a Dios?
   - ¿Los miembros muestran las características de un verdadero discípulo de Cristo? Obediencias al tiempo devocional, al servicio, y a la reproducción.

6. Contribución de los miembros de la iglesia
   - Contribución financiera
   - Aporte humano (talentos, esfuerzo, experiencias, entusiasmo, creatividad)

7. Evaluación de las Estrategias
   - ¿Todos conocen la misión y visión de la iglesia?
   - ¿Se están cumpliendo las metas establecidas?
   - ¿Cómo podemos ser más eficientes?
   - ¿Qué programas podemos quitar, dejar o mejorar?

8. Evaluación en los cambios
   - ¿Cuál es la tendencia/ cambios de la comunidad?
   - ¿Cuáles son los cambios de la congregación?
   - ¿Cambios en las necesidades y aspiraciones de los miembros?
   - ¿Cuáles son los nuevos retos y problemas?

- ¿Cuáles son las nuevas expectativas de los miembros de la iglesia?
- ¿Qué cambios están pasando a nivel mundial que pueden afectar a la iglesia?

9. Problemas/Retos/Progreso
   - ¿Cuáles son los nuevos obstáculos a enfrentar?
   - ¿Qué nos está impidiendo lograr las metas?

10. Personal:
    - ¿Hay espíritu de equipo?,
    - ¿Qué comportamiento está bloqueando la cooperación?

11. Logrando el resultado final.
    ¿Estamos haciendo discípulos?

12. Organización:
    - Estructura y sistema,
    - Adiestramiento
    - Reconocimiento
    - Procesos: ¿Están claros y visibles?
    - Canales de comunicación: ¿Están claros y son eficaces?

13. Espiritualidad
    - Madurez y crecimiento de la membresía
    - Multiplicación del liderazgo
    - Nivel de compromiso
    - Estado emocional y energía de la congregación

14. Finanzas
    - ¿Se cumple el presupuesto?
    - ¿Deuda?
    - ¿Está aumentando el promedio de personas que dan?

EVALUANDO CON PROPÓSITO
Fecha:

ESFERAS DE ATENCION	SITUACIÓN PRESENTE	SITUACIÓN DESEADA	MEDIDA A TOMAR
Dirección			
Programas			
Finanzas, Contribución			
Ministerios			
Estrategias			
Personal Voluntario y Pagado			
Canales de Comunicación			
Logros y Metas			
El resultado final			

Capítulo 14

Celebración

El pueblo de Dios tiene muchas razones para celebrar

Hay que celebrar las pequeñas victorias que llevan a la «gran victoria.» Me refiero a pequeñas victorias a pequeños logros, que a veces se pasan por alto, pero que son tan importantes para lograr las grandes victorias.

Hay días en que se fallará al repetir un viejo hábito que ya se estaba conquistando, pero hay que seguir adelante. No se dé por vencido. Cada día son nuevas sus misericordias.

¿Por qué son nuevas cada mañana?

Porque las de ayer ya son pasadas. Necesitamos nuevas para un nuevo día. Nos alienta saber que Dios siempre está actualizado en nuestras vidas. Lo necesitamos cada día.

Las pequeñas victorias son puntos de chequeos o evaluación. Es en este punto que los objetivos y metas vienen a ser tan importantes. Cuanto más claros son estos, podemos con mayor precisión medir si estamos en buena dirección o necesitamos hacer algún cambio a tiempo.

Si se mira los grandes retos de la iglesia como «el gran elefante», que se va a comer poco a poco no solo crea esperanza, entusiasmo, sino que crea los hábitos necesarios para lograr el resultado final.

- Grandes victorias son aquellas que se celebran al final del año o después de un gran logro.
- En la vida personal o de la iglesia, no podemos vivir con las victorias del pasado. Hay que buscar las victorias del día presente.

RAZONES PARA HACER ACTIVIDADES DE CELEBRACIÓN

Las actividades de celebración deben ser una prioridad en la iglesia porque:
- Se recuerda a la iglesia lo que es importante.
- Se mantienen los objetivos importantes en la mente de la congregación. Por ejemplo, si celebramos los números de bautismo del mes; le recordamos a la iglesia, que invitar a las amigos, y presentarles el Plan de Salvación es importante.
- Crea entusiasmo en los obreros y líderes.

A toda persona le gusta pertenecer a un equipo ganador. Las celebraciones indican que estamos ganado; que en medio de las dificultades y ataques de Satanás, algo positivo está pasando en la iglesia.

El entusiasmo es el aceite que ayuda al motor de la iglesia a funcionar.

El entusiasmo es un gran motivador para lograr en los obreros, que trabajen más tiempo, e inviertan más esfuerzos en el reino de los cielos.

- La actividades de celebración cambia el enfoque de lo malo a lo bueno; y de lo negativo a lo positivo.

Hay personas en las congregaciones que Satanás las usa para obstaculizar el crecimiento con el freno del pesimismo y la crítica. Son agentes secretos de Satanás para desmotivar y hacer ver las cosas más difíciles de lo que son.

- Una victoria, por muy pequeña que sea, siempre enfoca a las personas en el poder de Dios obrando en su pueblo «a pesar de los obstáculos» y limitaciones humanas.

- Las actividades de celebración unen a la congregación para que miren al pasado, pero proyectándose con optimismo al futuro. Le indica a la congregación lo que se ha logrado hasta el momento, porque se ha trabajado fuerte y unido.

- Finalmente, celebrar las pequeñas victorias les da fuerzas a los obreros para continuar hasta el final.

Celebramos el poder de Dios; y anunciamos que ese mismo poder estará con nosotros hasta el final.

Dice Filipenses que el que comenzó en nosotros la buena obra no la dejará inconclusa. Dice el Apóstol Pablo, *Estoy convencido precisamente de esto: que el que comenzó en ustedes la buena obra, la perfeccionará hasta el día de Cristo Jesús* (Filipenses 1:6).

Las personas pueden ver el progreso de la obra de Dios en su pueblo. No se está donde se debe estar, pero tampoco se está dónde estaban.

IDEAS PARA CELEBRAR LAS PEQUEÑAS VICTORIAS

1. Cada domingo durante el culto debe reconocerse a quienes han invitado y traído visitas al culto.
2. Celebrar cuando algún visitante ha aceptado a Cristo producto de la predicación o del testimonio de un cristiano.
3. Dentro de los grupos pequeños, clases de Escuela Dominical, tener actividades en que se celebre las pequeñas victorias.
4. Tener dos actividades grandes de alabanzas y testimonios, una anual y la otra semestral,.

Donde se reconozca a los hermanos que están siendo verdaderos discípulos: Están teniendo su tiempo devocional, se están reproduciendo, y están sirviendo en un ministerio. Estos deben ser cultos organizados, y bien enfocados. Reconocer la obra de Dios en medio de la iglesia en los últimos meses.

Conclusión

Cristo nos mandó a hacer discípulos, y eso está reflejado en la Gran Comisión. Está bien claro que eso debe ser la razón de ser de la iglesia: adorar a Dios haciendo discípulos. Si fuéramos una gran empresa, ese sería nuestro resultado final: un discípulo.

La iglesia debe crear un sistema para medir si de verdad está cumpliendo con la Gran Comisión o no. No podemos pensar que el éxito de la iglesia está en si tenemos el edificio pago, o números de viajes misioneros que hacemos al año o el número de personal pagado. Nada de eso mide la eficiencia de la iglesia.

La pregunta que debemos hacernos como iglesia es: ¿Estamos haciendo discípulos?

En su artículo titulado *Diferencias entre creyentes y discípulos*, el pastor de la iglesia Bautista Satélite de México Luis Gabriel Cesar, escribe los siguientes contrastes:

«El discípulo de Cristo es un creyente que refleja un constante crecimiento espiritual a la medida de la estatura de Cristo. .

El creyente suele esperar panes y peces; el discípulo es un pescador. El creyente lucha por crecer; el discípulo lucha por reproducirse. El creyente común no piensa en los demás sino en sí mismo. Se pregunta: "¿Qué puedo obtener de esta situación?» «¿En qué me va a beneficiar este asunto?" Está centrado en sí mismo y poco piensa en los demás. El verdadero discípulo se reproduce, siguiendo una filosofía de flujo, que consiste en compartir con los demás todo lo que recibe.

El creyente se gana; el discípulo se hace. .

El creyente depende en gran parte de los pechos de la madre (el pastor); el discípulo ha sido destetado para servir (1 Salmo 1:23–24). Muchos creyentes inmaduros esperan que el pastor se haga responsable de su crecimiento espiritual.

El creyente gusta del halago, el discípulo del sacrificio vivo.

El creyente entrega parte de sus ganancias; el discípulo entrega su vida.

El creyente puede caer en la rutina; el discípulo es revolucionario. Un discípulo auténtico y comprometido busca el cambio, el avance, conquista aspectos en que antes no había vencido, y no vive solamente de los triunfos del pasado.

El creyente busca que lo animen; el discípulo procura animar.

El creyente espera que le asignen tareas; el discípulo es solícito en asumir responsabilidades.

El creyente murmura y reclama; el discípulo obedece y se niega a sí mismo.»

Aceptar que Dios nos mandó a hacer discípulos, es más fácil que hacerlo. También nos cuesta trabajo reconocer que la mayoría de los cristianos no estamos haciendo discípulos.

- ¿Por qué no estamos haciendo discípulos?

No puede hacerse discípulos sin antes ser discípulos. Esto sería tan antinatural, como pretender que un árbol de mangos produzca bananas. Entonces el énfasis es y será en el ser, porque el hacer viene de forma natural.

Para llegar al resultado deseado, que es el llegar a ser como Cristo, tenemos que depender tanto del recurso divino como del humano. Noé construyó el arca donde Dios salvaría a su familia una vez venido el diluvio. Dios trajo victoria al pueblo israelita frente a los filisteos, pero fue la onda de David la que derribó al gigante. Pasar por alto la responsabilidad del hombre en el proceso del discipulado es pasar por alto una parte fundamental. El recurso humano siempre ha sido el gran asociado en la manifestación del poder sobrenatural de Dios.

Todo lo que sucede en la vida de la iglesia debe marchar hacia la misma dirección, que es la razón de ser de la iglesia: cumplir con la Gran Comisión.

La iglesia invierte sus recursos en tres grandes P: Propiedad, Programas, Personal. Todo tiene que pasar por el mismo filtro. ¿Esta propiedad, estos programas, este personal, me lleva a lograr mi producto final? ¿Tengo mis estrategias alineadas de tal forma que apuntas a la misma dirección? ¿Los líderes y obreros saben con seguridad cómo es un discípulo?

No puede seguirse invirtiendo recursos valiosos sin evaluar la calidad del resultado final. La evaluación sistemática se hace un imperativo en nuestras iglesias

Los conceptos del libro los puede encontrar plasmado en alguna forma en muchos libros de iglecrecimiento; pero, si le ayudará a pensar en mantener todos sus recursos organizados de tal forma que pueda lograr su gran objetivo: cumplir con la Gran Comisión.

Siempre recordando, que antes el *ser viene primero que el hacer.* Y que el discipulado es un proceso que le dura toda la vida.

Apéndices

1. ORGANIZACIÓN Y ESTRUCTURA

• La Iglesia local:
En nuestras iglesias se congregan cristianos y no cristianos, y está compuesta por sus miembros activos y pasivos. Se consideran congregados a todos nuestros amigos y familiares que vienen a la iglesia pero todavía no son miembros.

• Los ministerios principales

• Los sub-ministerios: Son ramificaciones de los ministerios principales. Se concentran en aspectos específicos de un ministerio. Ejemplo: Educación es el ministerio principal; la Escuela Dominical es un sub-ministerio.

• Los programas y las actividades: Son parte de un ministerio o sub-ministerio y cumplen con uno o varios de los cinco propósitos de la iglesia. Su ejecución se refleja en nuestro calendario oficial y su duración puede ser para todo el año, temporal o de un solo día. Ejemplo: Programa Infantil, la Escuela Dominical.

Explicación del Organigrama

• Cristo es la Cabeza de la Iglesia.

Cristo nos ordenó a. "Id y haced discípulos a todas las naciones, bautizándoles en el nombre del Padre, el Hijo y el Espíritu Santo." Esto es la Gran Comisión, y ella es nuestra.

• El Concilio o junta administrativa:

Está formado por todos los pastores y líderes de los ministerios y subministerios. O en otras iglesias, son personas seleccionadas para representar a la iglesia en la toma de decisiones. Es la antesala donde se analizan las propuestas ministeriales y administrativas que se recomendaran a la iglesia para su aprobación.

• El Pastor Principal.

Es llamado por Dios para guiar la iglesia a realizar su misión.

• El Equipo Pastoral:

El equipo pastoral lo conforman todos los pastores contratados oficialmente por la iglesia.

• El Equipo Ministerial:

Son miembros que lideran uno de los ministerios principales de la iglesia. Aparte de esta al frente de su ministerio, ellos analizan la operatividad de la iglesia a nivel ministerial y organizacional y recomiendan al Concilio los cambios necesarios

• El Equipo de Diáconos:

Son miembros ordenados al diaconado para servir a la iglesia en las siguientes esferas: a) Santa Cena, b) Apoyo Familiar, c) Orientación Espiritual.

• El equipo de líderes:

Son miembros confirmados por la iglesia para tomar la responsabilidad de uno de sus ministerios. Se destacan por ser miembros que han demostrado las tres características de un verdadero discípulo de Cristo: Obediencia, Servicio y Reproducción.

- El equipo de obreros:

Son personas que ponen sus dones al servicio del Señor al integrarse en un ministerio de Entrada o Regular.

- Los miembros:

Son todas las personas que han solicitado su membresía, han pasado la clase de membresía, asisten a las actividades regulares de la iglesia y contribuyen fielmente para su sostenimiento económico.

2. ESTUDIO DE LAS NECESIDADES

Este es un ejemplo de preguntas que nos pueden ayudar a encontrar las necesidades dentro de la iglesia. Con ellas descubrirá el sentir de la gente; sus inquietudes, y conocimiento con respecto a la vida de la iglesia.

PREGUNTAS

1. ¿Siente que la visión de la iglesia se ha comunicado claramente?
    Sí _____ No _____

2. Describa en pocas palabras lo que entiende que es la visión de la iglesia:

3. Identifique tres fortalezas de la iglesia:
    (1)
    (2)
    (3)

4. Para que la iglesia crezca tiene que:
    (1)
    (2)
    (3)
    (4)

5. Si usted tuviera la autoridad para cambiar algo en la iglesia, ¿qué cambiaría?
    (1)
    (2)
    (3)
    (4)

6. Marque el grado de importancia para usted, siendo 1 el menos importante, y 5 el más importante.

___ Visitación Semanal.

___Culto de Oración y Vigilia

___ Estudio Bíblico

___ Discipulado

___ Programas para niños

___ Programas para jóvenes

___ Programas para la familia

___ Programas para adultos y ancianos

___ Culto de adoración los domingos.

___ Visitación pastoral

7. Marque si está de acuerdo o no:
   1- Total desacuerdo 2- Desacuerdo
   3- No Opinión 4-Acuerdo 5-Completo acuerdo

___a. Los miembros saben con seguridad la Misión y Visión

___b. Los miembros genuinamente se aman

___c. Los miembros se llevan bien y rara vez hay discusiones feas

___d. Los miembros con frecuencia confraternizan entre ellos

___e. Hay un alto grado de confianza dentro de los líderes y obreros

___f. Programa que se comienza se termina

___g. Está claro la responsabilidad de cada obrero

___h. Las personas se protegen unas a otras

___i. Hay mucho chisme

___j. Los líderes son pura fallada, y no sustancia

___k. Los obreros solo se interesan en sí mismos y en sus ministerios

___l. Los obreros se sacrifican por la iglesia

___m.Los miembros creen en el liderazgo de la iglesia

___n. El pastor tiene el respeto de la iglesia

o. En mi opinión, el pastor está haciendo un buen trabajo.....
1 2 3 4 5

p. En mi opinión, los líderes están haciendo un buen trabajo..... 1 2 3 4 5

8. Fortalezas del culto de adoración del Domingo en la mañana
(1)
(2)
(3)

9. Usted no se compromete más con el Señor en el trabajo de la iglesia porque:
____ Falta de tiempo
____ Problemas personales
____ Problemas espirituales
____ Estoy en desacuerdo con la visión y misión de la iglesia
____ Estoy en desacuerdo con la organización y liderazgo de la iglesia
____ Nadie me ha preguntado

10. Cinco (5) palabras que caracterizan la iglesia son:
(1)
(2)
(3)
(4)
(5)

11. Según su opinión, ¿cuál es la impresión del visitante del culto del domingo?
La iglesia es:
Fría/impersonal 1 2 3 4 5 Cordial/amigable

El tiempo es:
Sin provecho 1 2 3 4 5 Significativo

El culto del domingo por la mañana se debe enfocar más en:
Creyentes   Inconversos

13. ¿Cómo clasifica el culto del domingo por la mañana?
Muy formal   1 2 3 4 5 Muy casual
Muy Predecible 1 2 3 4 5 Impredecible
Muy largo   1 2 3 4 5 Muy corto

14. ¿Cómo clasifica la música del culto del domingo en la mañana?
Poca   1 2 3 4 5 Mucha
Suave 1 2 3 4 5 Alta
Lenta 1 2 3 4 5 Rápida

15. ¿Cómo clasifica el mensaje del pastor?
Influye en las vidas:
Mínimo 1 2 3 4 5 Significante
Contenido bíblico:
Poco   1 2 3 4 5 Mucho
Aplicación práctica:
Poca   1 2 3 4 5 Mucha
Claridad:
Poca   1 2 3 4 5 Mucha
Mantiene la atención
Poca   1 2 3 4 5 Mucha
Duración:
Corta   1 2 3 4 5 Larga

16. En caso de problemas personales, ¿dónde usted buscaría ayuda?
Dentro de la iglesia 1 2 3 4 5 Fuera de la iglesia

17. En caso de problemas personales, ¿usted acudiría al pastor en busca de ayuda/consejería?

    Si   1   2   3   4   5   No

18. ¿Cómo evaluaría al pastor en los siguientes aspectos?

    Enseñanza
    Pobre   1   2   3   4   5   Excelente
    Consejería
    Pobre   1   2   3   4   5   Excelente
    Liderazgo
    Pobre   1   2   3   4   5   Excelente
    Administración
    Pobre   1   2   3   4   5   Excelente
    Cuidado Pastoral
    Pobre   1   2   3   4   5   Excelente

19. ¿Cómo los siguientes aspectos han cambiado en los últimos doce meses?

    Tiempo devocional:
    Peor   1   2   3   4   5   Mejor
    Hablar de Cristo
    Peor   1   2   3   4   5   Mejor
    Sentido de crecimiento
    Peor   1   2   3   4   5   Mejor
    Relación familiar
    Peor   1   2   3   4   5   Mejor
    Amistades personales
    Peor   1   2   3   4   5   Mejor

20. Gracias por su información. Tenga la bondad de ayudarnos a evaluar estas preguntas mejor al proveer la siguiente información.

Edad:

8-11   12-17   18-29   30-49   50 +

Años de convertido:

0-1   2-5   6-10   11+

Años en esta iglesia:

0-1   2-3   4-5   6-10 11+

3. EJEMPLOS DE ALGUNOS VALORES DE LA IGLESIA

Basado en lo que la Biblia enseña, estos pueden ser algunos valores de la iglesia. Hay convicciones fuertes en los siguientes aspectos. Ahora bien, estos deben ser valores practicados por cada miembro de la iglesia.

1. La Biblia es nuestra fuente de autoridad suprema. 2 Timoteo 3:15
    Nuestra primera pregunta cuando afrontamos cualquier decisión es: «¿Qué dice la Biblia?»

2. Autonomía de cada iglesia local. Colosenses 1:18
    Reconocemos el valor de asociarnos y cooperar con otros grupos de cristianos, pero creemos que cada iglesia local debe gobernarse a sí misma y debe ser independiente de cualquier control denominacional.

3. El sacerdocio de todo creyente. Apocalipsis 1:6, 1 Pedro 2:9
    Exhortamos a cada miembro a encontrar un lugar de servicio y ministerio. Cada creyente tiene acceso directo a Dios por medio de la Lectura de la Biblia y la Oración.

4. Traer los diezmos y ofrendas a la iglesia. Levítico 27:30
    Los cristianos practicamos diezmar para apoyar el Cuerpo de Cristo que es la iglesia, como Dios manda.
    Reconocemos que dar el 10% de nuestro salario (sueldo) es lo mínimo que se le debe dar a Dios. Este es el plan de Dios para su iglesia.

5. Sometimiento al señorío de Cristo. Juan 15:5, Filipenses 2:13
    Creemos que la única manera posible de vivir la vida cristiana es por el poder de Dios dentro de nosotros. Así que buscamos practicar una dependencia diaria del Espíritu Santo de Dios para que nos capacite a hacer lo que está bien.

6. Dar testimonio a otros acerca de Cristo. 1 Pedro 3:15
Es la responsabilidad de cada creyente el hablar de las buenas noticias de Dios a las personas con las que entra en contacto. Hablamos acerca de Cristo e invitamos amistades a la iglesia.

7. Bautismo por inmersión. Colosenses 2:12
Practicamos el bautismo por inmersión bajo el agua - la manera como Jesús fue bautizado, y la manera como la Biblia lo manda.

8. El servicio al estilo de Cristo. Juan 13

4. EJEMPLOS DE LOS MINISTERIOS DE ENTRADA

Nota:

1. Todos los interesados en trabajar en uno de estos ministerios de entradas deben pasar una entrevista con el líder del ministerio.
2. Esta es solo una pequeña lista de trabajos en los que puede comenzar a trabajar una persona que es congregada, pero que todavía no se ha hecho miembro.
3. La idea de crear ministerios de entradas es para que cualquier persona interesada no necesite alto grado de conocimiento bíblico, ni eclesiástico para comenzar a contribuir con sus dones y talentos a la iglesia local.
4. Un cristiano que se acostumbra a servir en la iglesia desde los primeros momentos que llega a ella, será un cristiano con un alto nivel de compromiso a la misma.

(1) Estacionamiento
(2) Ujier, Atención al visitante
(3) Llamadas a visitas
(4) Compañero de Visitación
(5) Asistente a actividades evangelísticas
(6) Misiones
(7) Centro de Información
(8) Actividades Recreativas
(9) Cocina
(10) Decoración
(11) Confraternidad Familiar (asistentes)
(12) Arte y Diseño Gráfico
(13) Página Web (diseño y mantenimiento)
(14) Técnico en Computadores
(15) Fotografía
(16) Proyectos Comunitarios
(17) Visitas a Hospitales

(18) Transporte
(19) Equipo de Emergencias
(20) Intercesor de Oración
(21) Creatividad
(22) Teatro y Drama
(23) Pantomimas y Artes Corporales
(24) Audio y Visuales
(25) Iluminación
(26) Música y Canto
(27) Coro de Adultos, Jóvenes*, Niños*
(28) Secretaria de Escuela Dominical
(29) Asistente de Maestro: (excepto ensenar)
(30) Anfitrión de Grupos Pequeños
(31) Asistente en Grupos Pequeños
(32) Asistente Iglesia de Niños*
(33) Asistente Programa Awana*
(34) Actividades Recreativas Infantiles (coach, asistentes)*
(35) Asistente de Estadísticas
(36) Secretaria de Ministerio
(37) Mantenimiento de la Propieda